暮らしをまわす

□ためず □まよわず □よどみなく

整理収納コンサルタント
本多さおり

はじめに

「ためず、まよわず、よどみなく」の習慣で暮らしをまわす

「暮らしをまわす」ことが、私の毎日の役目です。朝、子ども二人の身支度、掃除に洗濯、片づけ、仕事の打ち合わせや原稿のチェックなどなど。追いかけられるようにして1日は暮れてゆき、洗濯物はまたカゴにいっぱいに。

じっくり、ていねいに暮らしを楽しみたいと思いつつも、今の私はまさに1日をまわすことで精一杯。ならば、それをできるだけスムーズにまわしていきたいと思うのです。それには、その障害になるモノを取り除く必要があります。暮らしをまわすことを邪魔しているのは、どんなことでしょうか？

それは、たとえば「ためる」こと。

毎日やるべきことは次から次へと発生し、少し油断するとたちまちたまっていきます。家の中の汚れや整理すべきモノも、見てみぬふりを続けるとたまっていきます。たまってしまったタスクやモノ、汚れに向き合うのは億劫だし、退治するのに時間もかかります。

あるいは「まよう」こと。

献立を決める、スケジュールを決める、買うモノを決

める……暮らしは決断の連続です。そのたびに迷って立ち止まり、だらだら時間を使ってしまったり、先延ばしにしたりすることで、進むべき方向を見失い、フットワークも悪くなってしまいます。

やるべきことをためたり、迷ったりしていると、暮らしの流れはよどんでいきます。だからこそ、「よどみ」をなくして、スムーズに暮らしをまわしていきたい。ほこりや水アカがたまってできた汚れ、なんとなくそこに集まったモノの塊、そのうちなんとかしようと思い続けている使いにくい収納、大小のタスクが重なって感じる漠然とした忙しさ……。それは私の心の中にモヤモヤを増やし、イライラにも発展しかねません。こんなよどみが生まれる前に、なるべく早めに対処したい。

だからこそ、私は毎日まめに家事を続けることを心がけています。続けるには「悩まずに、簡単で、短時間でできる」ことが大事。

今は、不測の事態が起こるなど、先が見通せない時代。ライフスタイルも価値観も多様化し、多くの人が暮らしの基準を改めて問い直しているときではないでしょうか。暮らしやすさは、自分流に「最適」を更新していくもの。そうして築かれた暮らしの軸は、どんなときも心の支えになってくれる気がしています。

この本では、収納や家事の工夫を具体的にご紹介しながら、「よどみない暮らし」を心がけている私がいつも考えていることを綴りました。手に取ってくださった方々の今こそ実現したい暮らしについて、想いをめぐらせるきっかけになったり、ときに「これ、採用！」なネタを拾っていただけたら、うれしいです。

本多さおり

これが本多家の1日です

平日の基本的なタイムスケジュールです。家での撮影や外出の仕事がない日は、ほぼ同じ家事や作業をこなすことで暮らしがスムーズに流れます。

タイムスケジュール

A **6:30　起床**

- □ トイレのあとに便座まわりを軽く掃除
- □ 洗顔ついでに、洗面台まわりをタオルで拭く
- □ 夜洗濯したものを乾燥機から出して畳んだり、食洗機の中の食器を片づけたり

B **7:00　子ども起床**

- □ 子どもの朝食は、夫が出勤前に作ったサンドイッチとヨーグルト

7:15　夫出勤

- □ 布団の片づけ、昨夜、夫の帰宅後に出た汚れものなどを洗濯機にかける、朝食の後片づけなど

8:15　保育園に出発

- □ 気候や気分に合わせて徒歩、自転車、車のどれかで保育園へ

C D E **8:50　保育園から帰宅**

- □ 洗濯物を干す、朝食、キッチンの後片づけ、掃除機がけなど

10:00　仕事スタート

- □ 家事をひと段落させて仕事に集中する

13:00　お昼休憩

- □ テレビを見ながらランチを食べて、しばし休憩

14:00　仕事再開

- □ 午後からの仕事を始める

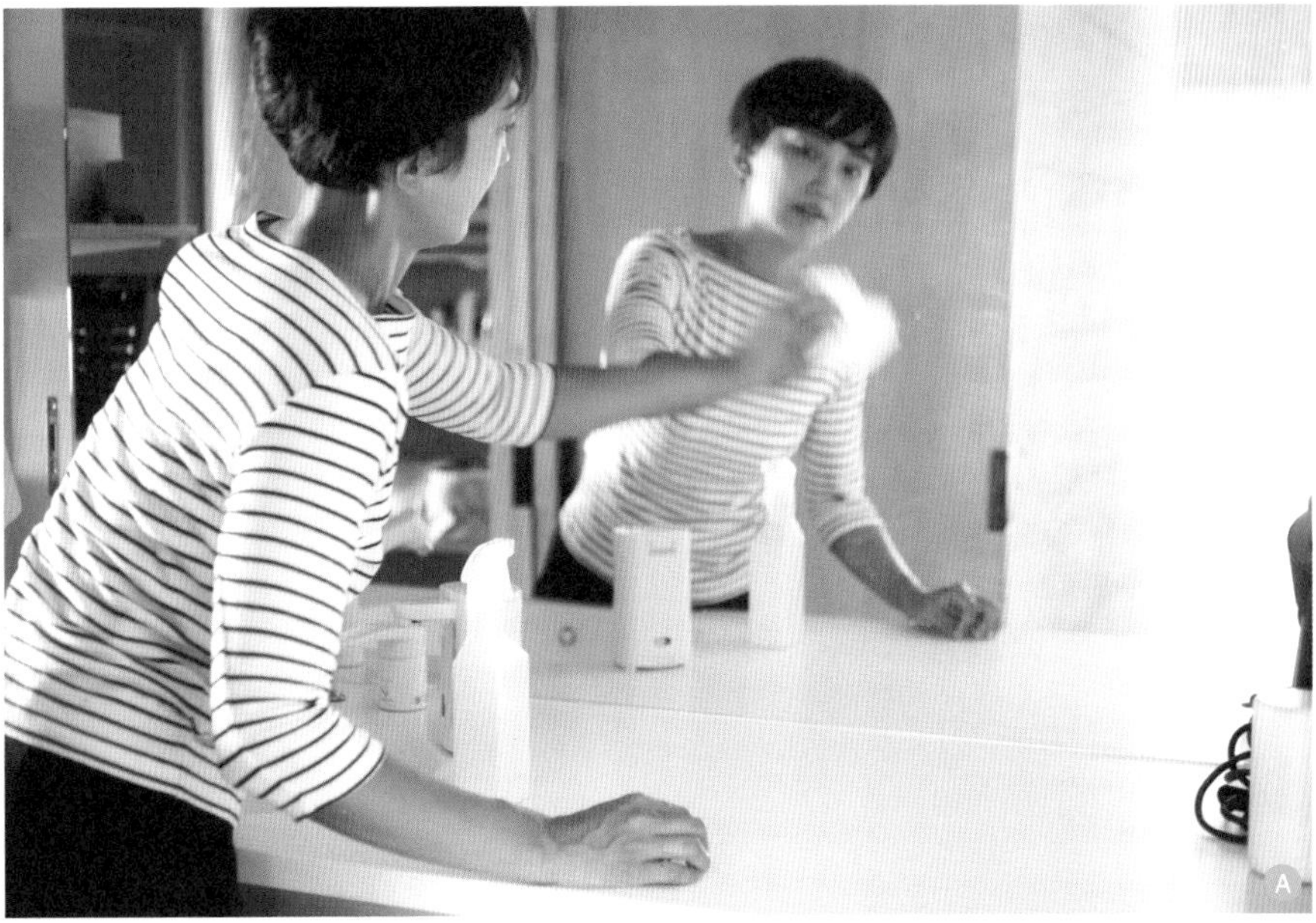
A

C

B

E

D

タイムスケジュール

F **17:30　夕飯の準備**

□保育園のお迎え前に夕飯の下ごしらえをすます

17:50　保育園お迎え

□お風呂の「お湯はり」をセットしてから保育園へ

G **18:35　保育園から帰宅**

□帰宅したらお風呂に直行
□入浴しながらお風呂掃除（床など）をする。お風呂から上がったら洗濯機をまわす

H **19:15　子どもと夕食**

□子どもに食べさせながら、自分は晩酌しつつ手早く食事

20:00　夕食の後片づけ、洗濯物干し

□夫の夕食をトレーにセットする
□照明を落として就寝サインのBGMを流す
□洗い上がった洗濯物を乾燥機とハンガー干しに仕分けて干す

I **20:30　子どもの就寝準備**

□子どもの歯磨き、本読みをして子どもを寝かしつける
□夫の帰宅が間に合えば寝かしつけは夫担当。私は残った家事を片づける

20:00～21:00　夫帰宅

□夫は入浴、お風呂掃除（浴槽）、夕飯など

J **21:30　子どもが寝て自由時間**

□スマホや録画した番組を観る
□明日のスタートがスムーズになるように、翌朝の家事を先取りで片づける

G

F

I

H

J

これが本多家の住まいです

床面積は約65㎡。中古マンションをリノベーションしました。家の中心部にサニタリーとクロゼットを配置し、それ以外は個室なしのオープンスペースに。ぐるりと回遊できる間取りです。

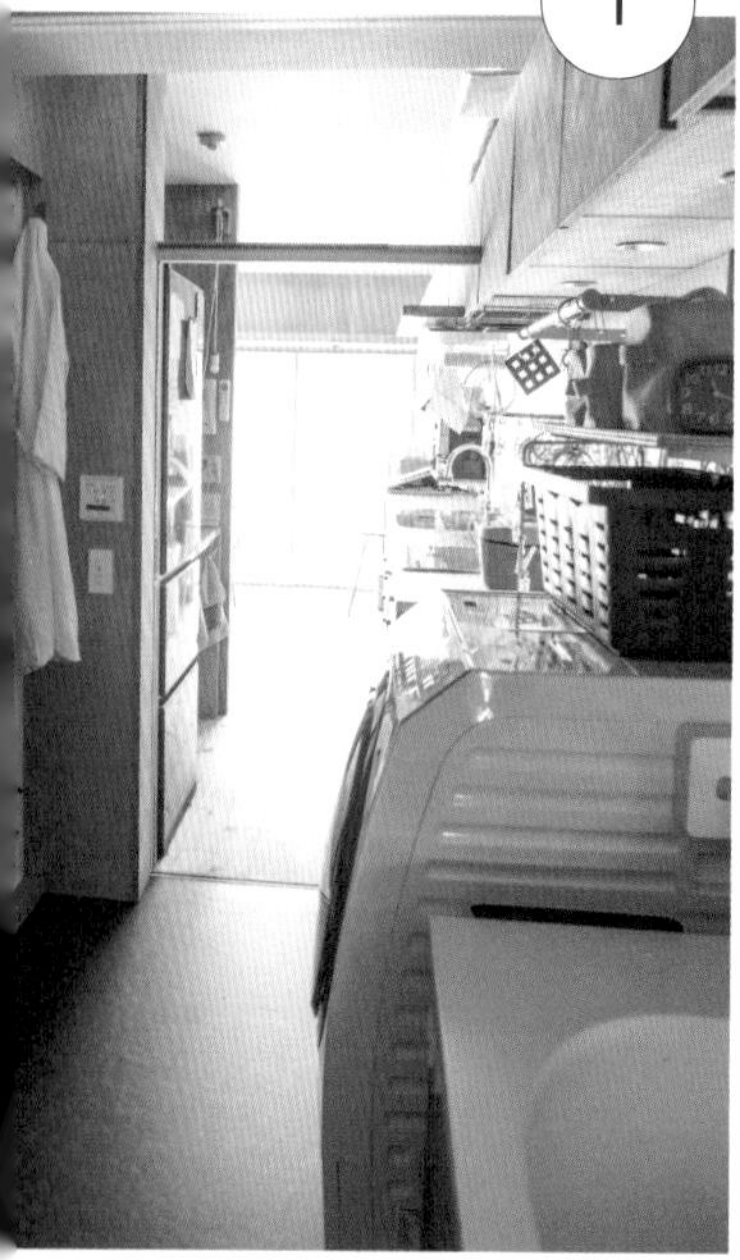

1

水まわりは一直線上に集中

洗面台→ランドリースペース→キッチンを一直線の流れるような家事動線に。浴室の近くに着替えやタオル類の収納棚を

間取り図

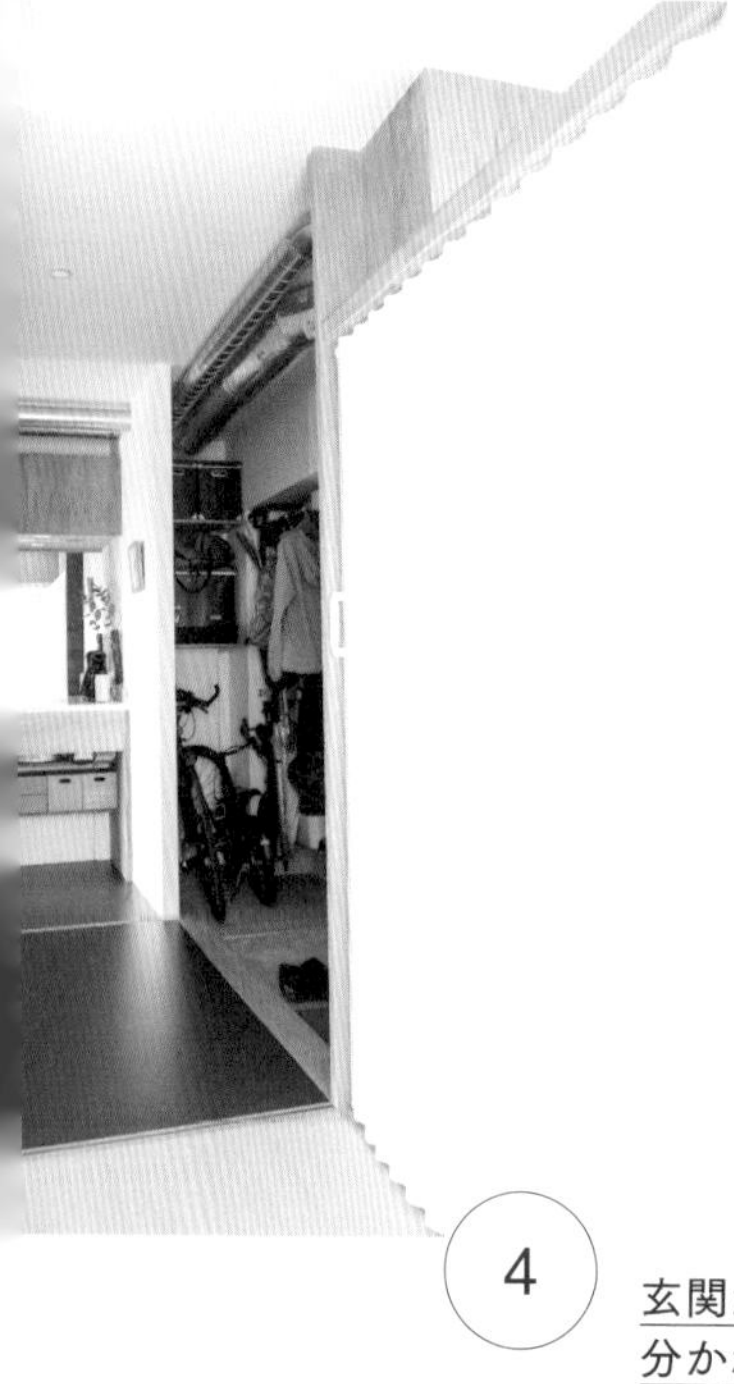

4

玄関から左右に分かれる間取り

玄関を入って右側は洗面台、左側は15畳の和室へ。和室の一部は寝室に。写真④の右手はアコーディオンカーテンで仕切られた布団収納

2 キッチンの隣にワークスペース

調理台の横にワークスペースをつくり、仕事と家事の切り替えをスムーズに。キッチンからダイニングテーブルへは数歩で移動可

3 家の半分は15畳の和室

リビング、子どもの遊び場、夜は引き戸で仕切り6畳分が寝室に。1スペースが3役を兼ねます

2章 決めて暮らす

3章 収納は家事を助ける

4章 家族が家事に参加しやすい工夫

STAFF 〔構成・取材・文〕村越克子 〔写真〕砂原 文
〔デザイン〕高橋 良（chorus） 〔編集〕別府美絹

1章　暮らしは段取りが9割

1日をスムーズにまわす小さな工夫

先にこれをして、次はあれを終わらせて……
頭の中でその日することの順番を
ざっと考えます。
これがうまくいくと
1日が穏やかに流れていきます。

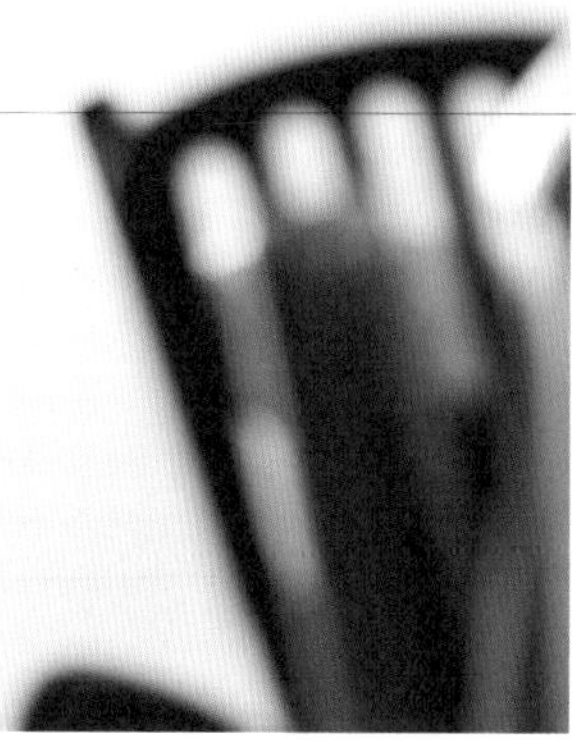

段取りすれば 家事がスムーズにまわる

夫は朝早く出勤し、帰宅は子どもが布団に入るころ。休みの日以外は、家事も育児も私がひとりでまわすことがほとんどです。

それをスムーズにしてくれるのが「段取り」です。段取りする際には、家事の流れの先読みがカギになります。これからやる家事のうち、どれを先にして、どれを後まわしにすると時間が節約できたり、手際よくできるか、家事の順番を常に意識するようにしています。

たとえば、わが家では子どもは保育園から帰ると、すぐにお風呂に入ることになっているので、「お湯はり」の予約設定をしてからお迎えに。さらに浴槽の掃除は前夜のうちにすませておきます。この段取りを忘れると、帰宅後すぐにお風呂に入れず、浴槽にお湯がたまるまでムダな待ち時間ができたり、お風呂と夕食の順番が入れ替わってペースが狂ったり。たったひとつの段取りミスで、お風呂も食事もいつもの倍近く時間がかかりヘトヘトに。ドミノ倒し的に家事がどんどん混乱していきます。

反対に段取りがうまくいくと、つまずくことなく、家事が流れるように進み、心も穏やか。「家事は段取り次第」を実感する日々です。

先に洗濯物を干して、終わったら朝食あとのキッチンの片づけ。それが終わったら掃除機がけ……と段取りを考えます

保育園の連絡ノートは、子どもが
寝たあと落ち着いて書きます

翌朝の自分から感謝されるための先取り家事

家事の段取り＝先読みができると、今やっておいた方が、先々がラクになることが見えてきます。

特に子どもが寝たあとの夜の時間は、邪魔されることなく自分のペースで家事をこなすことができるので、先取り家事のチャンス。「ここまで終わらせたら、録画しておいたテレビ番組を観よう」と終わったあとのお楽しみをつくれば、ルンルン気分で家事がはかどります。

たとえば、夜のうちに洗面所のタオルを換えておけば、朝の家事がひとつ減ります。また子どもの朝食の用意は夫の担当ですが、調理台の上を片づけておけば、すぐに朝食作りに取りかかれます。タオル交換や調理台の片づけといった小さな家事は、夜ならササッとできること。小さな先取り家事で、朝やることをひとつでも、ふたつでも減らしておくことで、朝の流れがずっとスムーズになるのです。

保育園の連絡帳もそのひとつ。書かずに寝てしまった翌朝は「あちゃ～」。サボった昨夜の自分を叱りたい。ちゃんと書いてあるときは、「ありがとう、助かったよ」と自分への感謝の気持ちでいっぱいです。

夜のうちにやっておくこと

- □ ゴミの日の前日は家じゅうのゴミをまとめる
- □ 洗面所のタオルを換える
- □ 食洗機で洗い終わった食器をしまう
- □ 調理台の上を片づける
- □ 保育園の連絡ノートを書く

掃除の段取り（1）

直置きなしで家事の流れを止めない

掃除機をかけているとき、おもちゃ、雑誌、かばん……など、ものが床に直置きされていると、それをどかすために、掃除機がけを中断してイラッ！　同じようにテーブルにティッシュケースなどが置いてあると、食事のときにいったん移動させるというひと手間が必要になり家事の流れが止まってしまいます。

何かをしている最中やこれから始めようとしているときに、流れが止まるのは効率が悪いし、やる気もダウンします。移動させやすいようにものにキャスターをつけたり、直置きしないようにフックをつけて吊るすと、掃除機がけがスムーズに。直置きしないことは、暮らしをまわす工夫のひとつです。

キャスターをつける

床に置くものには、キャスターをつけて床面に着地させません

【おもちゃ箱】

片手で掃除機をかけながら、片手でスーッと移動させることができ、掃除機がけが中断されません。木箱と別売りのキャスターはIKEAで購入

【寝室の本箱】

このまま移動させて読みたい本を取り出せます。床の掃除機がけもラクです。収納ラックと別売りのキャスターは無印良品のもの

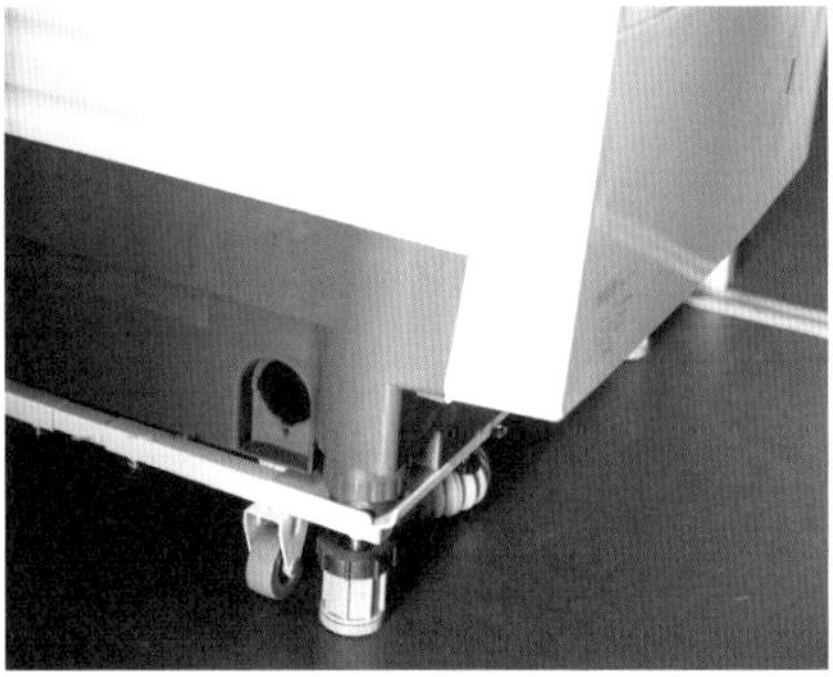

【洗濯機】

洗濯機の下はホコリがたまりやすい場所。洗濯機本体を台（平安伸銅工業）に乗せ、キャスターをつければ簡単に動かせるので気になったときにササッと掃除できます

吊るす

ティッシュの定位置はテーブルの上ではなく、カードリングを使って裏のバーに吊るします。テーブルの上にティッシュがないと、広々＆スッキリ！

掃除の段取り（2）

ゴミ箱を点在させてゴミはその場で捨てる

生活していると、ゴミは家の至る所で出ます。洗面所でも、玄関でも、寝室でも……。そのたびにゴミを持ってゴミ箱まで移動するなんて、「もっと無駄なく、もっとラクに」を暮らしのモットーにしている私にできるわけがありません。

そこで、自分がゴミ箱まで移動するのではなく、「ゴミが発生しやすい場所ごとにゴミ箱を置けばいい」と考えたわけです。家の各所にゴミ箱を置いたおかげで、ゴミをその場で捨てられるという流れができました。

さらにもうひと工夫。場所ごとに出るゴミの種類と分量に合ったゴミ箱を配置

【洗面台横】

洗面台横の洗濯機にマグネットつきのティッシュケースとゴミ箱をペタリ。使ったティッシュや洗濯機の乾燥フィルターの掃除で出たゴミをその場で捨てられます

【ダイニングテーブル】

来客時には、見た目のいい自然素材のゴミ箱をダイニングテーブルにセッティング。ティッシュやお菓子の紙ゴミをその場でポイ!

しています。たとえば、寝室では鼻をかんだティッシュ程度のゴミしか出ないので、ゴミ箱は小さいものでよし。使用後のティッシュは必ず捨てるので、わが家では「ティッシュあるところ、ごみ箱あり」のセットにしています。

同じように掃除をしたあとは、ゴミが出るので、掃除道具とゴミ箱をセットにして置いておくのもコツ。わが家では、洗濯機の側面にゴミ箱をつけて、その横に乾燥機のフィルター用掃除ブラシを吊るしたり、玄関では、ほうきとちりとりの近くにゴミ箱用のバケツを置いています。出たゴミがその場で捨てられて便利です。

ゴミの日の朝、キッチンにある一番大きなゴミ箱にセットしたゴミ袋をはずして、それを持って家を一周して、ゴミを回収します。

【玄関】

玄関に、ゴミ箱代わりのミニバケツをスタンバイ。子どもの靴の中に入った砂や、たたきを掃除して出たゴミを捨てます

【寝室】

寝室に小さいゴミ箱を。布団の中で鼻をかんだり、小さなゴミが出たとき、わざわざ捨てに行かずにすみます

【お掃除ロボットに任せる】

午前中に自宅で取材や撮影がある日は、朝、保育園に子どもを送って行く前に、お掃除ロボットをセット。帰宅するころには掃除機がけが終わっています

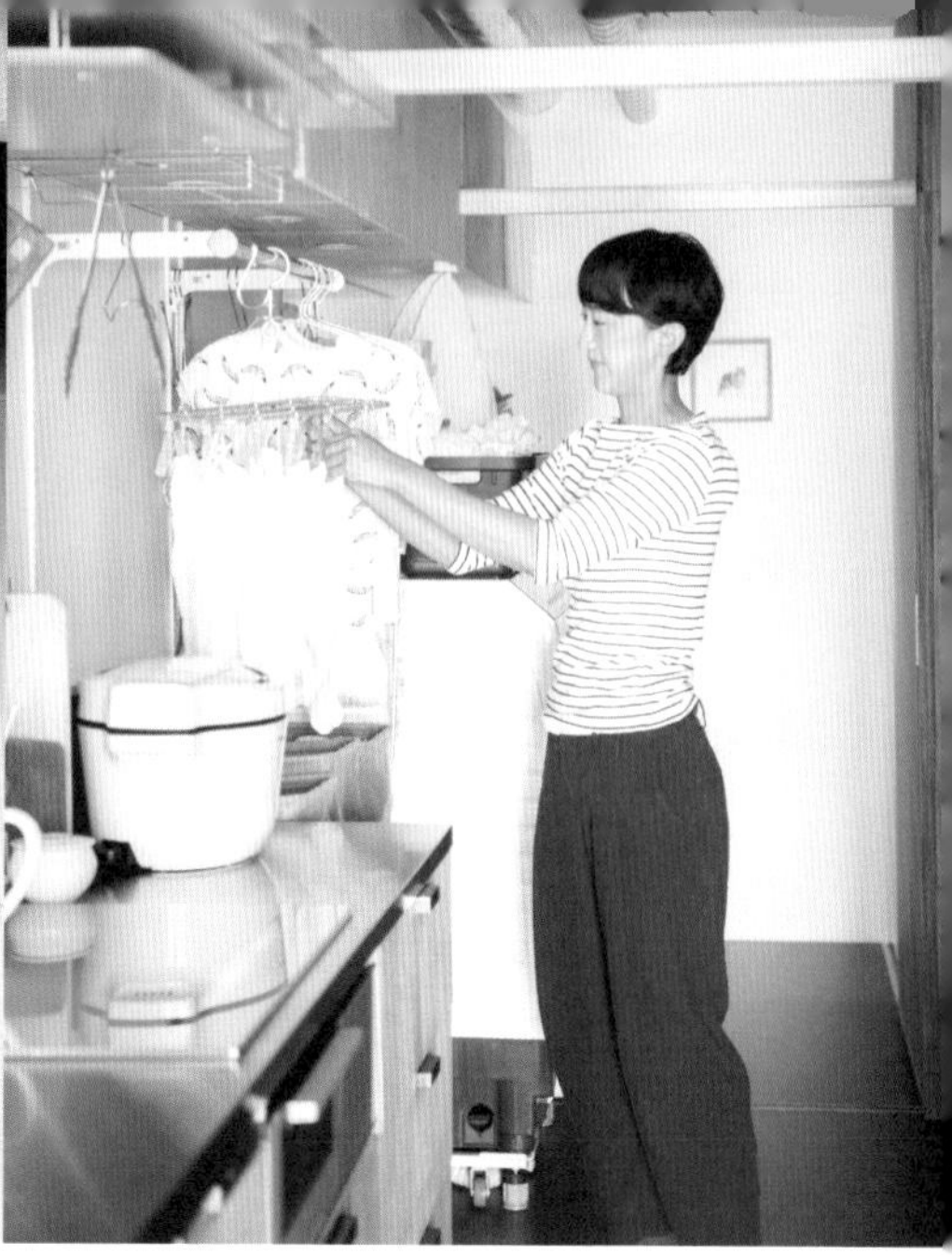

【自動調理鍋に任せる】

自動調理鍋のスイッチをONして、今晩のおかず作りを任せます。その間に洗濯物を取り込めば、ふたつ家事が同時進行でき、時間の生産性が上がります

掃除の段取り（3）

〝ついで・ながら〟家事で時間の生産性を上げる

当たり前のことですが、1日24時間を延長することはできません。さらに、わが家は平日はほぼワンオペ状態なので、家事に関しては慢性的な人手不足。この「時間もない、人手も足りない」という〝労働環境〟のもとで、毎日の家事ノルマをこなしていくにはどうしたらいいのかと、私は考えました。その結果、たどり着いたのが、「時間の生産性を上げる」ということです。

言葉にすると難しそうですが、ひとつの家事をする〝ついで〟にもうひとつ家事をこなしたり、ほかのことをし〝ながら〟家事をひとつ片づければいいのです。ふだん、何気なくやっていることを意識

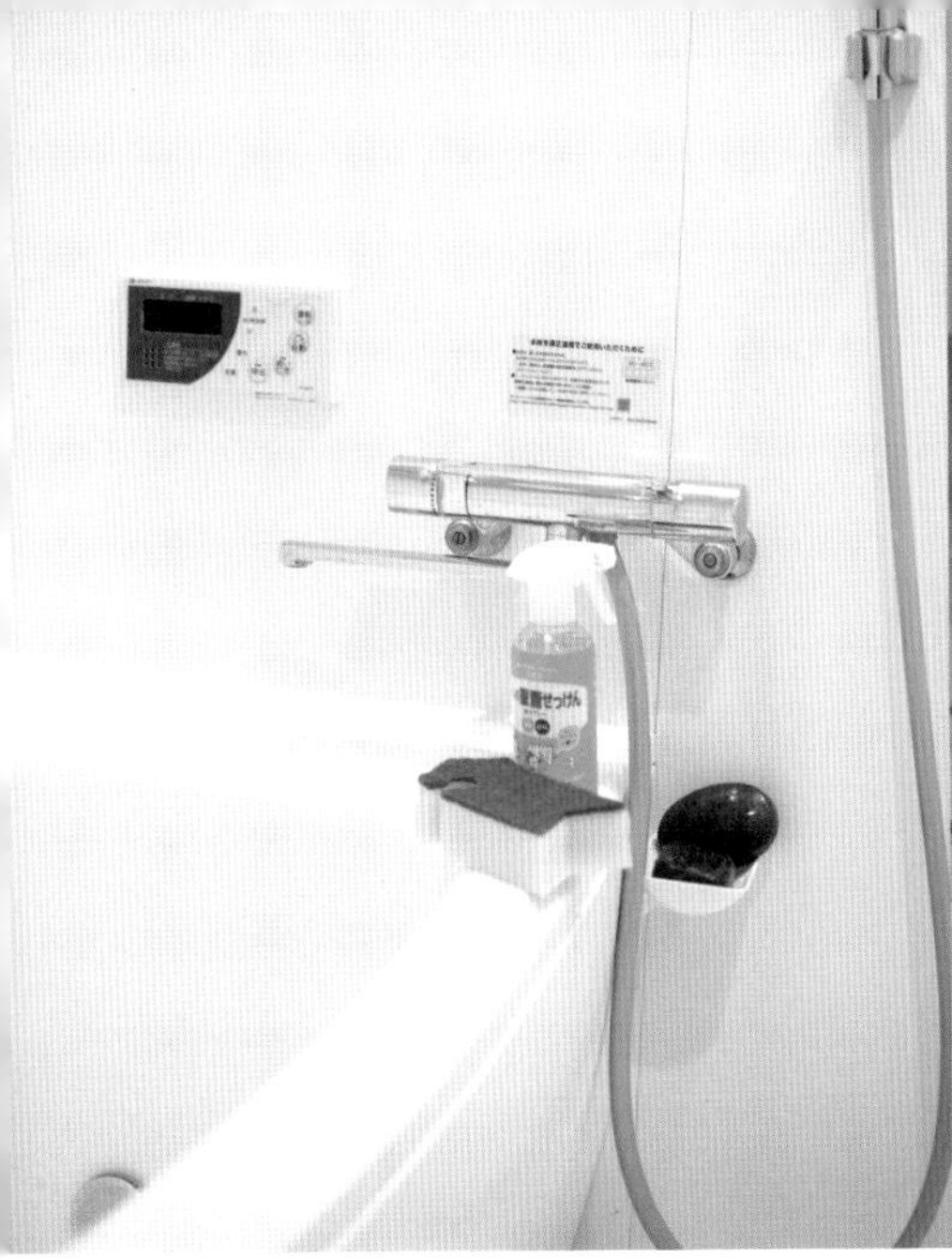

【入浴しながら】

お風呂の最後に、子どもを浴槽で遊ばせながら床、イス、洗面器を洗います。最後に入る夫に浴槽の掃除を任せて、お風呂掃除が終了

【布団を片づけたついでに】

押入れは意外とホコリがたまりがち。布団収納の近くに無印良品のフローリングモップ用替えシート（ウェット）を置いておけば、布団をしまう“ついで”にサッとひと拭きできます

して、〝ついで〟や〝ながら〟でできる家事をもっと探してみることにしました。

また〝ついで・ながら〟家事と聞くと、「歯磨きしながら（歯磨きするついでに）洗面台拭く」のようなイメージがありますが、いつも「私」がふたつのことを同時にする必要はありません。家電を相棒にすればいいのです。お掃除ロボット、自動調理鍋、食洗機などにひとつの家事を任せることで、同じ時間にふたつの家事を終わらせることができ、時間の生産性が上がります。

また、掃除に関しては、〝ついで・ながら〟なら、気負わずに取りかかれるし、1カ所の掃除を数分程度で終わらせることができ、毎日やっても苦になりません。毎日掃除すれば、汚れがたまらず簡単にキレイになるので、掃除時間が短縮できます。忙しい人には見逃せないメリットだと思います。

食事作りの段取り（1）

仕込み5分の手間で10倍ラクをする

週末など時間があるときに、「作りおき」や「常備菜」を作ることが、世間一般では人気があるようですが、料理が苦手な私には無縁だと思っていました。人生において料理をする回数を、できるだけ減らしたいと思っているからです。

この考えが揺らいだのは、初心者向けの料理本をパラパラ見ていたとき。前もってちょこっとだけ仕込んでおくだけで、かけた手間の何倍も、あとでラクできるということを知ったから。塩麹や塩昆布という、混ぜるだけ、漬けるだけで食材がおいしくなる調味料と出会ったことも影響しています。

「仕込む」といっても、基本は「漬ける」だけ。塩麹やしょうゆで下味をつけることで、肉がやわらかくなったり、魚がふっくらしたり。保存期間を延ばせるというメリットもあります。「消費期限は今日だけど、塩麹につけて明日に先送りしよう」ということも。下味がついているので肉や魚は焼くだけ、野菜は器に盛るだけでりっぱなおかずに大変身。買い物から帰って、すぐパパッとできるから、料理が苦手な私でも面倒くさくありません。

焼くだけ

鶏もも肉のネギしょうゆ漬け

ひと口大に切った鶏もも肉300gにしょうゆ、砂糖、長ネギのみじん切り各大さじ2、ごま油、いりごま大さじ1を混ぜて、30分程度漬けおき。あとはフライパンで焼きます

焼くだけ

鮭のホイル焼き

生鮭に塩麹をぬり、玉ねぎときのこ類と一緒にホイルで包みます。ここまでやれば、あとはグリルかオーブントースターで焼くだけ

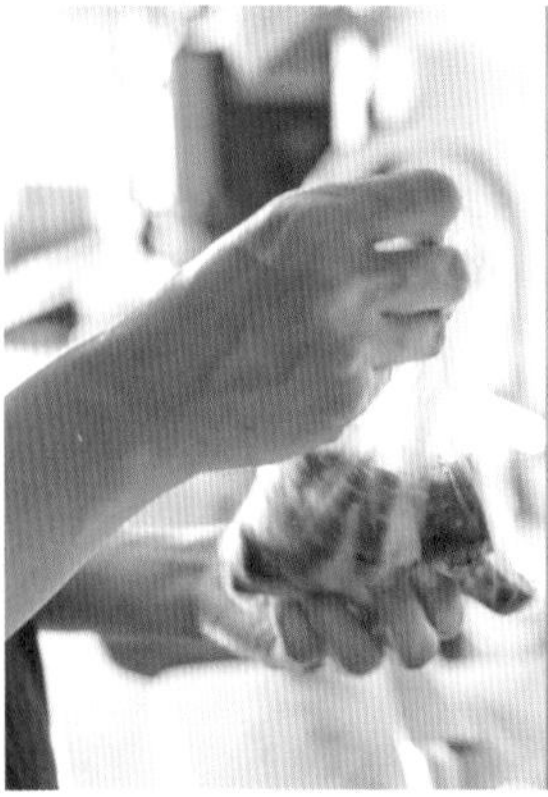

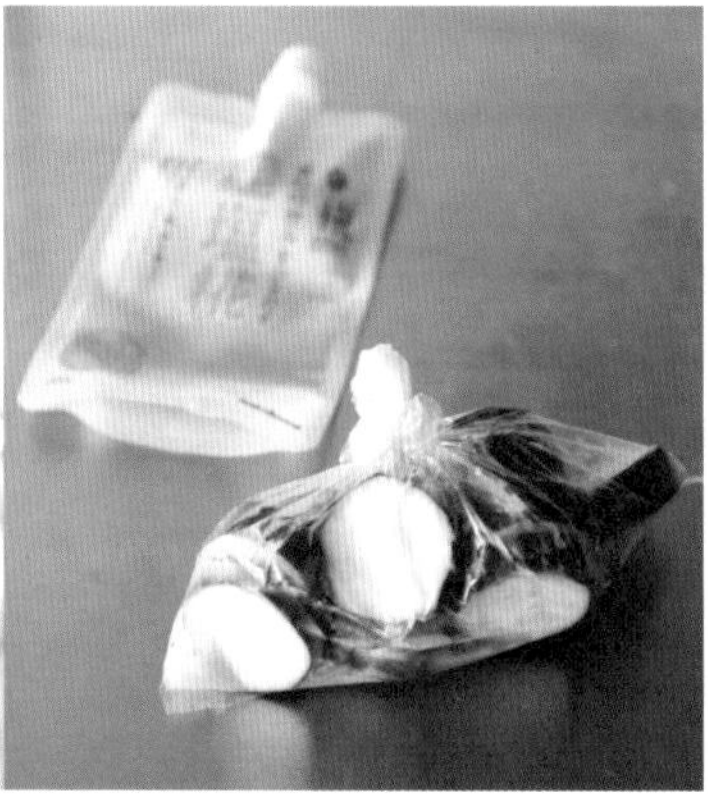

焼くだけ

野菜＋塩麹

食べやすい大きさに切った野菜を塩麹に漬けて、グリルかフライパンで焼けば完成！　その日に食べても翌日でも。写真はズッキーニ。やさしい塩味で味つけ不要です

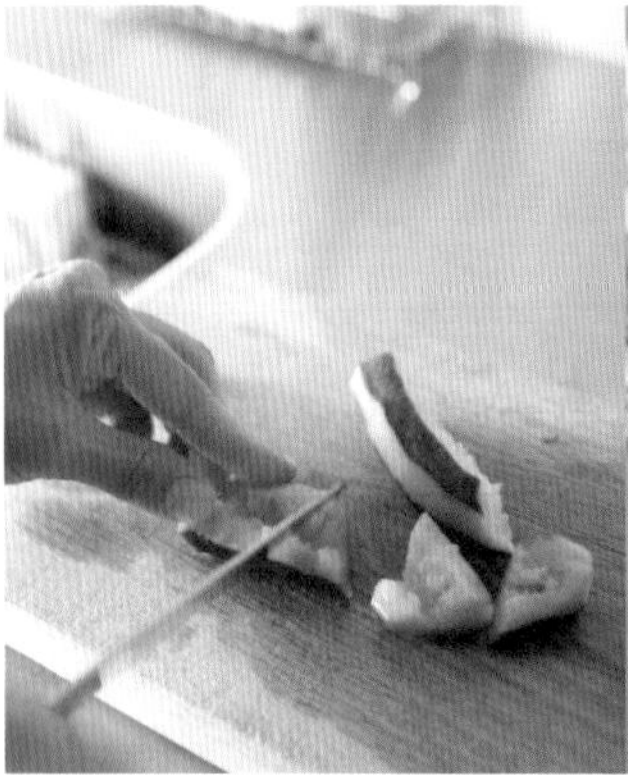

盛るだけ

野菜＋塩昆布

きゅうりは包丁の背で叩いたあとザク切りに。塩昆布とごま油であえて30分程度おけば、あと1品なにか欲しいときに重宝します。キャベツでもよく作ります

食事作りの段取り（2）

献立を考えるのが苦手！ 園の献立表をヒントに

夕飯作りで私が一番面倒に感じるのは、献立を考えること。作ることよりも子どもが食べてくれるか、食材の組み合わせをどうしようか、そうしたことを考えることの方が苦手です。そこで「何も浮かばないよ〜！」となったときは、園の給食の献立表を参考にします。献立表にあるものは子どもが好きなものが多く、栄養士さんが監修しているから栄養バランスも◎。使用している食材や調味料も、特別なものはなく定番のものばかり。

「厚揚げのケチャップ煮」は自分の発想にはなかったけれど「すぐできそう」とか、麺類には苦手意識がありますが、「卵とじわかめうどん」は、「な〜んだ卵でとじればいいんだ」とヒントになりました。

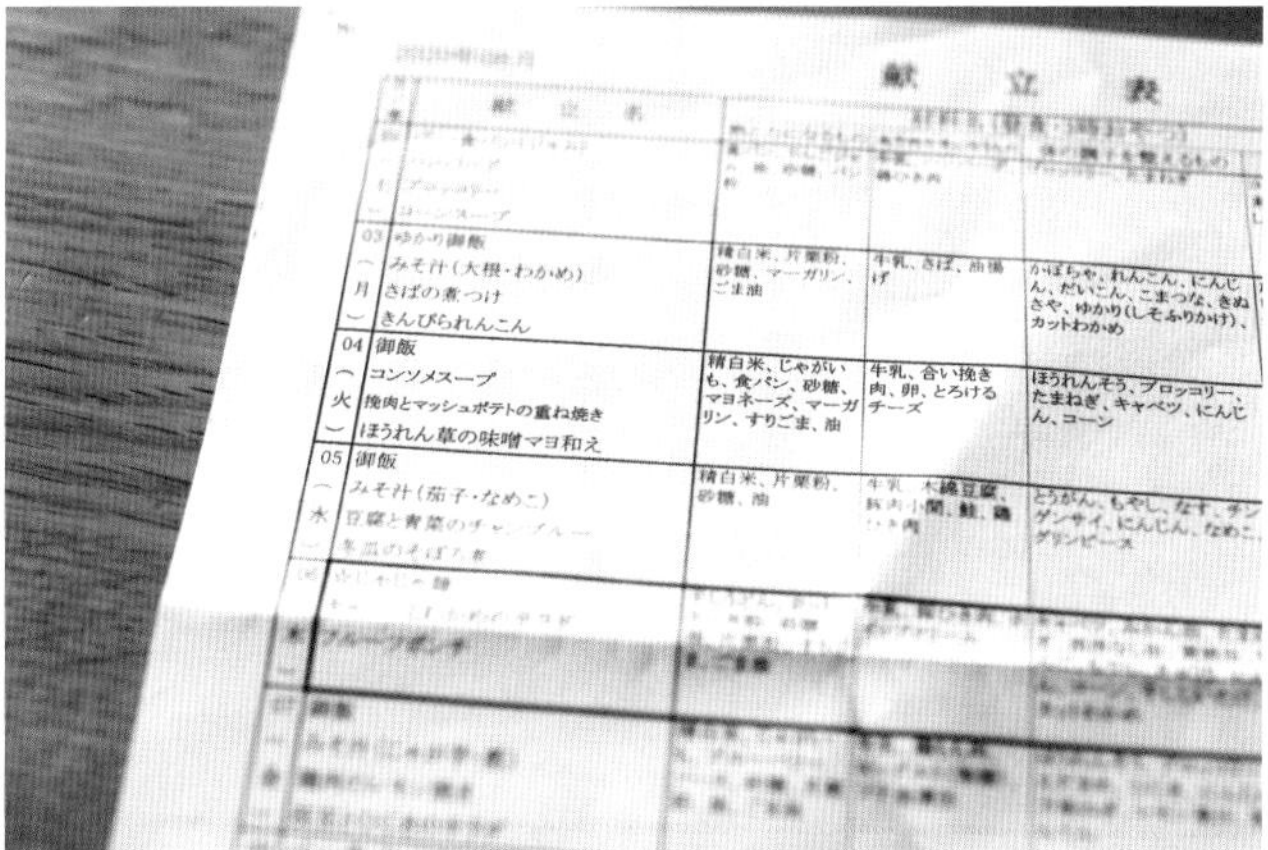

使用する食材から調味料まで書いてある保育園の献立表は、献立のヒントが満載。メインとサブのおかずの組み合わせも参考になります

食事作りの段取り（3）

手軽に役立つ食品を切らさない

なくなりそうになったら、必ずリピート買いする常備食品があります。「おいしそう」や「便利そう」で買ったものの、使い切れずに無駄にするという試行錯誤を繰り返した結果、わが家の常備食品として殿堂入り（そんな大そうなことではありませんが）したものたちです（p34参照）。

選抜の決め手は、「手軽」に役に立つことにあります。きな粉、ミックスナッツ、ドライフルーツは朝食のヨーグルトにトッピングするだけで栄養がとれます。ごまも同じ。麻婆春雨、インスタントみそ汁、トマトソースは子どもが好きな1品をすぐに作れます。これらは料理が苦手な私にとっては「お守り」のようなもので、「夕飯、何にしたらいいかわかない～」というとき、「あれがある」と思うと安心できます。塩こんぶ、ふりかけはご飯のお供に使えて、しかもおいしい！

コンソメと「カレーにかけるだけ辛さ自在」は個包装で1回使い切りなのがお気に入り。「早く使わなくちゃ」のプレッシャーがありません。手軽に役立つ食品を常備しておく段取りが、料理が苦手な私の毎日の食事作りを助けてくれます。

ミックスナッツとドライフルーツミックス

朝食のヨーグルトのトッピングに欠かせません。なにはさておき、この2つを入れておけば栄養的にもおいしさの点でも合格点をクリア。そのまま食べておやつ代わりにも。無印良品の大袋をリピート買いしています

磯ごま一番ふりかけ
（ティーライフ）

ごま、海苔、青のりが入ったシンプルなふりかけ。子どもたちのお気に入りで、これだけでご飯がすすみます。おにぎりにも○

無添加コンソメ
（ネスレ）

4.5g×8本入りの顆粒タイプの個包装。1本が1つの料理にちょうど使い切れる量なので便利。使いかけの保存の手間が不要

きな粉

朝食のヨーグルトやバナナシェイクに加えて、大豆の栄養をプラス。きな粉もちも子どもに好評。フレンチトーストにもパラリ

麻婆春雨
（永谷園）

具入りですが豚肉、キャベツ、もやしなどを足して具だくさんにすれば、1品で満足感あり。甘口は子どものお気に入り

うちのおみそ汁
（アサヒグループ食品）

フリーズドライ製法で本格的なおいしさ。「今日、みそ汁ないの？」の子どもの急なリクエストにはこれで対応

白ごま

炒め物、あえもの、煮物など盛りつけの仕上げに白ごまをパラリ。見た目がよくなるのと、ごまの栄養をとることができます

カゴメ基本のトマトソース
（カゴメ）

夕飯のおかずが何も思い浮かばないときは、家にあるお肉か野菜をトマト煮込みに。コクがあり味のベースになります

カレーにかけるだけ
辛さ自在（S&B）

カレーは子ども用にいつも甘口で作るので、辛いもの好きな夫のために常備。スティックタイプで使い切りなのも○

塩こんぶ
（くらこん）

きゅうりの塩もみに加え、ごま油をかけると絶品。化学調味料無添加、減塩で体にもよさそうなので常備

食事作りの段取り（4）

注文なしでも届く宅配システムをつくる

食材の宅配を利用していますが、注文するものを毎週考えるのが面倒なので、何もしなくてもこれだけは届くというシステムにしています。

牛乳、卵、油揚げは1週間で必ず消費するし、牛乳は重いので宅配が便利。野菜10種類は、宅配業者の方で旬のものを混ぜてバランスよく送ってくれるので、選ぶ手間がありません。「何を買おうか」と迷うよりも、届いた野菜を見て、思いついたものを作る方が私にはラクだし、悩んでいる時間を省略できます。また自分では選ばなそうな野菜が届くと「今は○○○が旬なんだ」と気づくことも、暮らしの中のささやかな幸せに。

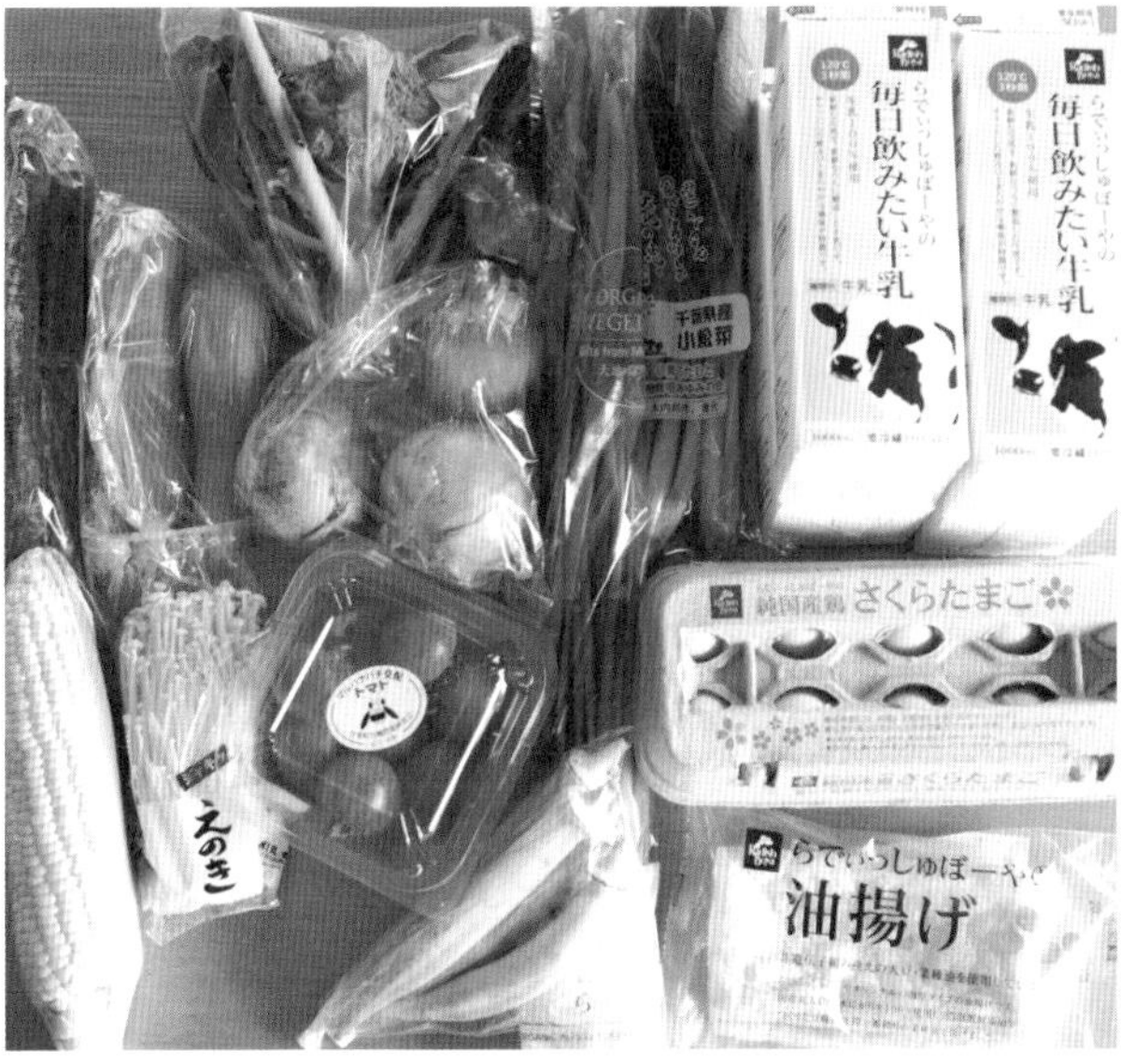

野菜10種類、牛乳4本、卵、油揚げは注文しなくても、毎週届く仕組みの“定期便”を利用。野菜選びはお任せなので初対面の野菜もあり、何が届くかのワクワク感もお楽しみのひとつに

洗濯の段取り（1）

グッズにこだわれば洗濯が楽しくなる

実家で使っている洗濯用ピンチハンガーは長年、風雨にさらされボロボロ。ピンチもところどころ歯抜けに……。

それを見てきたので、結婚したとき、洗濯グッズは使いやすさをとことん考えた機能性と自己主張しないシンプルなデザイン性を兼ね備えた無印良品のものをメインにそろえました。母にもすすめているのですが、「だって高いでしょ?」と言います。確かにホームセンターで売っているものに比べたら若干高めですが、値段の違いは数百円程度。それだけの違いで洗濯物を干すたびに、風に揺られる洗濯物を見るたびに幸せな気持ちに。見た目だけでなく、丈夫で長持ちし、使い勝手がよくて毎日の洗濯がラクになるなら安いものだと私は思うのです。

使いやすい洗濯板

洗面ボウルで子どもの靴下を下洗いするときに便利なミニサイズの洗濯板（無印良品）、洗濯ブラシ（インダストリーコーワ）、ウタマロ石けん（東邦）。洗濯板がいい感じにしなって使いやすい

替えのパーツがあるハンガー

洗濯グッズは余計なデザインのない無印良品のものに統一。ピンチハンガーはピンチが外周のみなので絡まりにくく、替えのピンチや補修パーツまでが別売されています。アルミ製のハンガーはサイズ違いで大人用と子ども用に使い分け。プラスチックのように割れることがないし、軽くて使いやすい

省スペースな洗濯カゴ

細身のバスケット（「POST GENERAL」幅560mm×奥行き295mm×高さ220mm）なら、洗濯機の上の置いても場所を取らず、置いたまま乾燥フィルター口の開け閉めができます。持ち手がカゴの中に収まってスッキリ！

洗濯の段取り（2）

大物アイテムは乾きやすい素材を選ぶ

シーツと肌がけは、「パシーマ」という脱脂綿由来の素材で作られたものを使用しています。乾きやすいので、洗濯するときに「よいしょっ！」と重い腰を上げる感覚がなく、気軽に洗濯できます。

大物の洗濯が億劫に感じる理由のひとつは、くもりの日だと「乾くかな？」と迷うことにあると思います。もし乾かなかったら、部屋干しするには大き過ぎるので、洗濯をためらうことに。乾きやすい素材なら、多少くもっていても、午後から洗濯しても乾くので、そんな迷いがなくなります。その日のうちに乾くから、予備を持つ必要がなく収納場所が不要なこともメリットです。

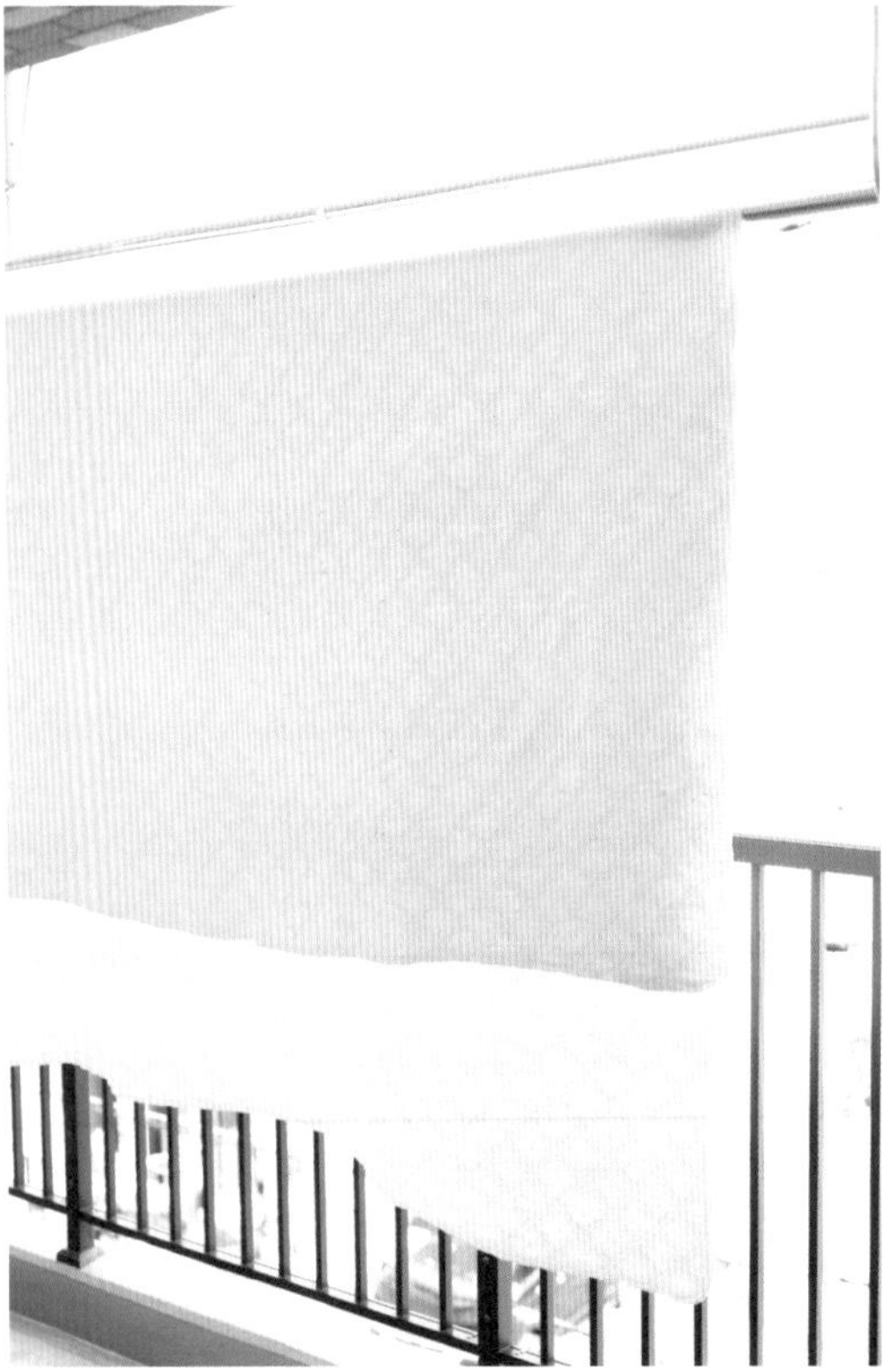

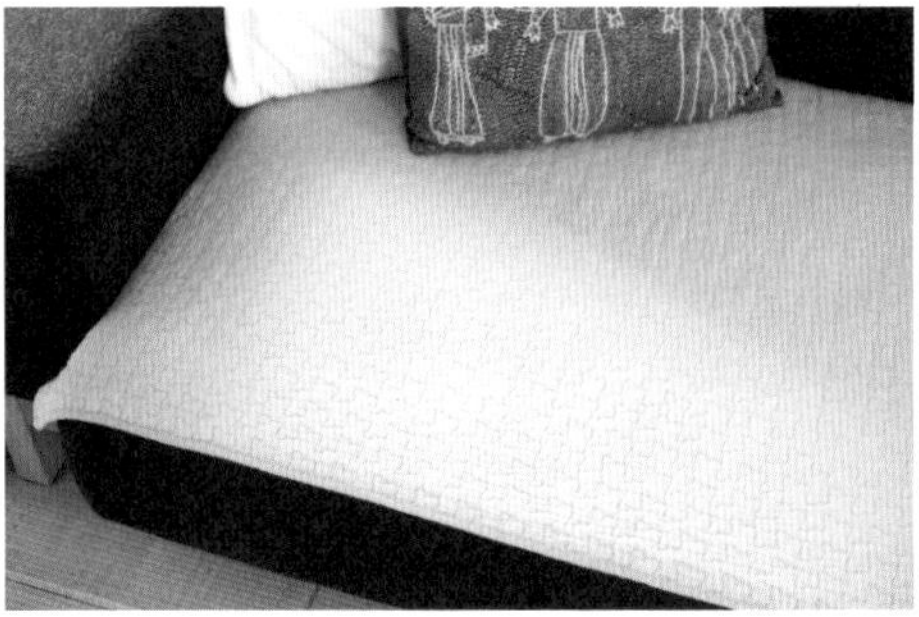

シーツと肌がけは乾きやすい素材のものを使用。乾きが早いから予備を持つ必要がありません。「イブル」のソファパッド（楽天市場で購入）は座面だけを覆うコンパクトなもの。こちらも乾きやすさが抜群です

子どもと自分がお風呂から上がったら洗濯機をON。朝は夫の分と子どものパジャマだけなので、洗濯機をまわすのが1回ですみます

洗濯の段取り（3）

夜、洗濯して朝の家事をひとつ減らす

子どもと私の入浴後に洗濯機をまわします。保育園から持ち帰る洗濯物が多いので、ここで1回洗濯しないと、翌朝は夫が出す洗濯物が加わり朝2回まわすことになるからです。

以前は「洗濯は朝するもの」という固定観念がありましたが、当時、住んでいた団地のベランダに、夜、洗濯物が干してあるのを見て「夜、洗濯してもいいんだ！」と目からウロコ。直接の面識はありませんでしたが、そこのお宅は共働きのようで、朝早くお母さんがお子さんを連れて出かける（恐らく保育園に向かっている）姿を何回か見かけたことがありました。今、私も同じ立場になり、「夜、洗濯する」という先輩ワーママの知恵を取り入れています。

夏場は夜でもベランダに干しておけば、翌朝にはほとんど乾いています。冬場は寝室やリビングに部屋干しすれば、加湿器代わりになって一石二鳥。それに、子どもの汚れものや入浴後の湿ったタオルをひと晩、放置しておくより、早く洗った方が衛生的で気持ちがいい。夜、洗濯することで家事の段取りがよくなりました。

子どもへの段取り

ルーティンを決めれば子どもがグズらない

保育園から帰ったら、「お風呂→食事→寝る」の順番がわが家のルーティン。この順番が日によってまちまちだと、「ごはん、先に食べたい〜」とか「お風呂に入る前に遊びたい〜」と子どもがグズりがちに。

ルーティンが決まっていれば、子どもが何を言っても「だってお風呂が先でしょ」ときっぱり言い切れます。毎日同じ順番だと「そういうものなんだ」と子どもながらに理解するようになり、グズることもほとんどなくなりました。

ルーティンを子どもに定着させるのに役立つのが、耳からの合図。5歳と3歳の子どもには時計を見ながら行動するのはまだ難しいので、ラジオや音楽をかけて、今は何をする時間なのかがわかるようにしています。食事中はテレビではなくラジオをつけ、食事が終わったらラジオを消してテレビを観てもよし。夜8時を過ぎたらオルゴールのBGMをかけ、照明を暗くして寝る準備に入ります。

ルーティンを決めてから、子どもに「早く◯◯して」という回数が減り、帰宅後の流れがよくなったような気がします。

18:50

お風呂

帰宅したら即、お風呂!

子どもも服も汚れているので、帰宅後はお風呂場に直行。ダラダラする時間が省略できます

↓

19:15

食事

ラジオをつけてテレビはなし

テレビをつけると食事がすすまないので、食事中はラジオを流すのが決まりです

↓

20:30

寝る

オルゴールのBGMが寝る合図

夜8時を過ぎたら照明を落としてオルゴールのBGMを流します。寝る準備の合図です

その他の段取り（1）

よく使うものこそあえて2カ所に置く

同じ種類のものは1カ所にまとめるという収納法があります。ひとつのものの置き場を決めることで、必要なときは、そこに取りに行けばいいので迷うことがありません。確かにそれも便利なのですが、動線に合わせて同じものを複数個所に点在させると、無駄な動きを減らせるメリットがあります。

たとえばマスク。当初、マスクの収納場所は廊下で、出かけるとき通るついでにバッグに入れるようにしていました。が、玄関まで来て「忘れた！」となったとき、取りに戻ることがしばしば……。ついうっかり忘れてしまうのです。出がけ間際のこの無駄な動きとイライラを繰り返した結果、マスクの収納を廊下と玄関に分散させました。

ものをできるだけ増やしたくないと思う人は多いですが（私もそうです）、あっちでもこっちでも出番があるなら、使う場所ごとに配置した方が無駄な動きがなくなります。ハンコもその例。宅配便が来たときは玄関で使うし、仕事の請求書を作成するときはデスクで使います。

ものを取るために家の中を行ったり来たりすることがなくなり、暮らしが便利になるなら、「同じものを複数個持ってもよし」と私は思っています。

ハンコ

仕事で使うハンコは無印良品の歯ブラシスタンドに立ててデスクの近くに、宅配便の受け取り用は玄関ドアにフックをつけてハンギング。ハンコのカバーは100円ショップで購入

マスク

マスクは玄関に続く廊下に設置した棚の上と、玄関ドアに吊るしたカゴの中にIN。忘れたときでも、部屋まで戻らずにすみます

エコバッグ

エコバッグをキッチンのシンクの反対側の棚に引っかけ収納。キッチンでバッグの中身を出して、そのまま引っかけます。下駄箱の中にも入れておけば、玄関まで来て持ち忘れたことに気づいたとき、すぐに取れます

【玄関ドア】

【ワークスペース】

【玄関ドア】

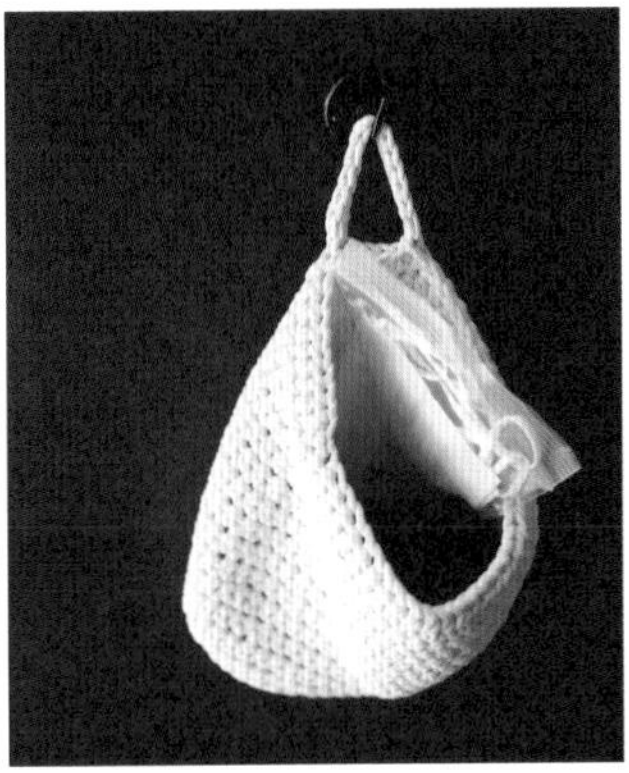

【廊下】

【玄関】

【キッチン】

その他の段取り（2）

外出時にバタバタしない忘れ物対策

実は、私の高校時代のあだ名は「おっちょこ」（笑）。それくらいおっちょこちょいで、忘れ物が多かったからです。大人になっても忘れっぽい性格は変わらないので、忘れ物対策をしています。

そのひとつが「バッグの中身入れ」。その日の服装や外出先によって、持って行くバッグが変わるので、帰宅したらバッグの中身をいったん全部出してデスク前のケースに入れ、出かけるときは、この中から必要なものを選び取ります。たとえば保育園のお迎えが自転車ならスマホと家のカギだけでよし。車なら免許証が入っている財布を、仕事なら名刺入れ、化粧ポーチなどをプラスします。出かける前に「財布、スマホ、名刺入れ」とその日必要なものをケースから取り出しながら点呼確認。今は除菌シートやアルコールジェルなど外出時に携帯するものが増え、その分、忘れ物も多くなりがちですが、この「点呼確認」ならそれもありません。

さらに打ち合わせに必要な資料や、出がけついでに出したいクリーニング、手土産などはドアノブに引っかけておきます。ここなら、どんなに「おっちょこ」でも忘れません。

ドアノブにかければ絶対忘れない

手土産や途中で出したいクリーニングなどはドアノブにかけておきます。これなら絶対に忘れません

バッグの中身入れをつくる

帰宅したらバッグの中身をここに入れます。出かけるときは、その日必要なものを点呼確認して取り出して、忘れ物を防止

その他の段取り（3）

やることを書き出せば今日のノルマが達成できる

今日、明日でやるべきことは、家事の途中に思いつくままにメモします。手帳やスケジュール帳ではなくメモ用紙に書いて、何か思い出すたびにすぐに書き足せるようにデスクの上など手近な所に置いておきます。

ひと通り書き出して、朝の家事がひと段落したら、メモを見ながら「ひとり作戦会議」。何から先に手をつけたらいいか、一緒に片づけられることはないか、外出の用事はどういう順番でまわったら移動距離を短かくすることができるかなどを考えながら、やること順に番号をふったり、矢印をつけて段取りします。こうすることで効率的に用事を片づけることができ、書くことで自然と頭にインプットできる効果も。

リストアップしたことは、今日やるべきことのノルマでもあります。なんとなく1日が過ぎて、いつの間にか保育園のお迎えの時間……！と焦ることが避けられます。自宅でひとりで仕事をしていると、これが案外ありがちなのです。

また重要度が高い用件は、スマホのメモ帳やメールの画面をスクショしてトップ画面に。1日のうちで一番よく見るところなので、やり忘れ防止には効果てきめんです。

書くことで頭の中を整理する

すること、買う物、行く場所など思いついたら、どんどんメモしていきます。書き出すことで頭の中に段取りができ上がっていきます

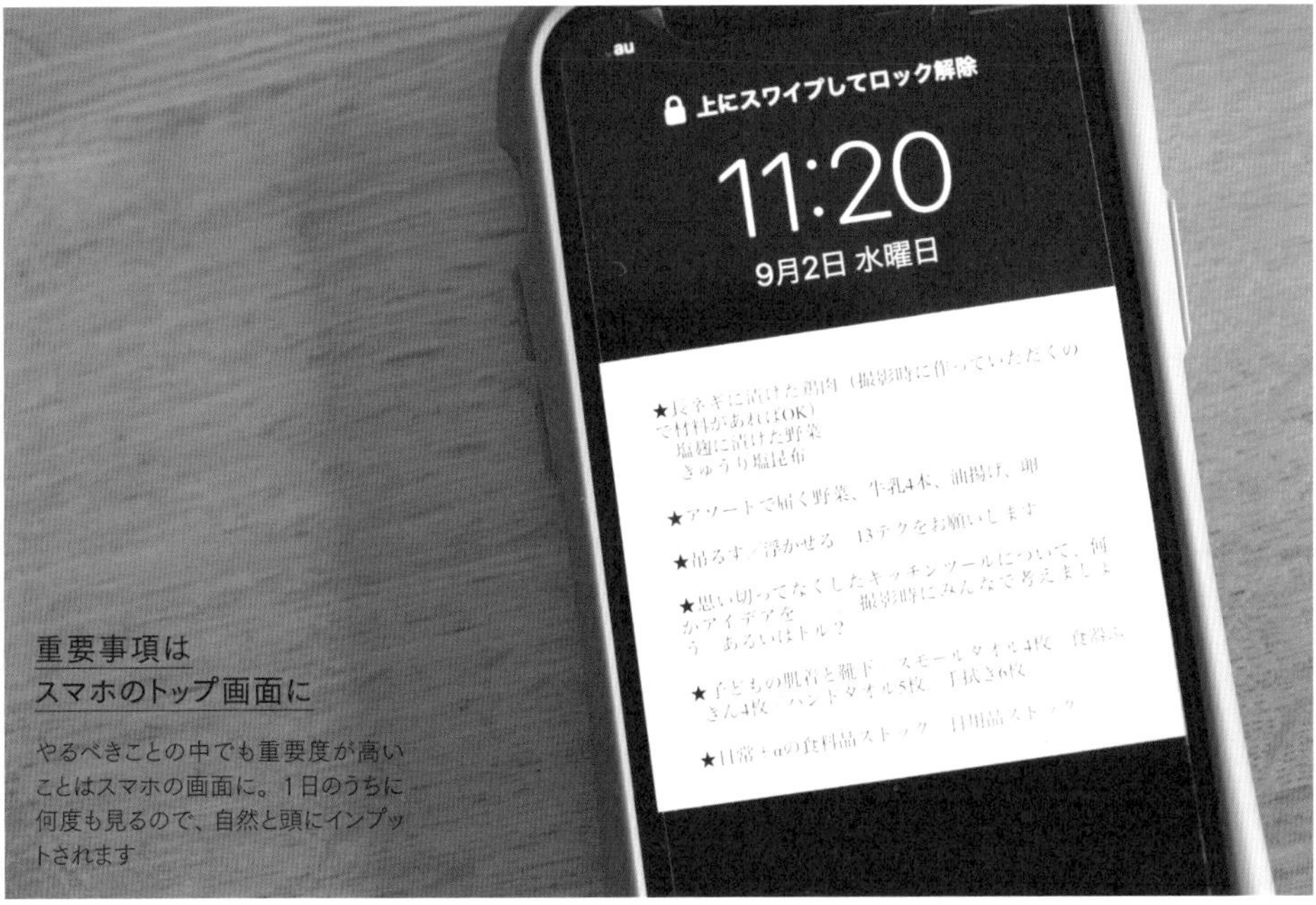

重要事項は スマホのトップ画面に

やるべきことの中でも重要度が高いことはスマホの画面に。1日のうちに何度も見るので、自然と頭にインプットされます

「吊るす」「浮かせる」で小さなイライラを解消する

「ここに、これを置けたらいいな」というとき、スペースがなくてもものを吊るしたり、浮かせたりすれば、ピンポイントで収納場所がつくれます。たとえば釣り戸棚にホルダーをつけてふきんを吊るしたり、面ファスナーでリモコンを壁につけて浮かせたり。

「空間を有効利用できる」ことも見逃せません。壁などの垂直面やテーブルの裏などの空間は、そのままでは収納には使えませんが、両面テープや面ファスナーでものを貼りつければ、たちまち収納スペースとして空間を有効に使えます。「簡単にやり直しがきく」のも利点。「ここがいいと思ったけど、こっちの方が便利」というときは簡単に収納場所を変更できるし、「もう少し右がいい」といった微調整も可。

〝吊るしたがり〟の私は、もの自体に穴が開いていたり、ループがついていると、「ムムッ、コレ吊るせるな！」とテンションが上がります。かくして「ペンを机まで取りに行くのが面倒」「床の上にもの置いてあると掃除機をかけるときに邪魔」……といった小さなイライラがまたひとつ解消されるというわけです。

床が濡れない

キッチン用の手拭きは吊り戸棚にホルダーをつけて吊るすと便利。水を使ったあとすぐ手が拭け、床に水滴がポタポタ落ちることもありません

使っているのは……
シンク扉タオルホルダー

吊戸棚の棚板につけられるタオルホルダー（ニトリ）。指一本で差し込むだけでタオルやふきんを吊るせます

とことん「吊るす」「浮かせる」で、いいこといろいろ

吊るす収納なら、使う場所の近くにどこでも収納場所がつくれます。ものを浮かせることで、床の掃除もラクに。

傷みを防ぐ

バナナは換気扇のフチに引っかけたS字フック（無印良品）に吊るします。着地させると、接した面から傷み始めるので吊るして保存するのがおすすめ

乾きが早い

ゆすいだペットボトルは100円ショップで購入したスタンドにかけます。こうすれば、中の水滴が自然とシンク内に落ちて、乾きが早い！

場所を取らない

家にあるリモコンの定位置はすべて壁。浮かせることで壁が収納場所に活用できます。壁面収納の方が場所を取らないし、「リモコンどこ？」も解消

絡まらない

スマホの充電コードはまるめてピンチで留めて、床から浮かせます。たったこれだけのことでコードが絡まず、ホコリもつきにくく、掃除機がけもスムーズに

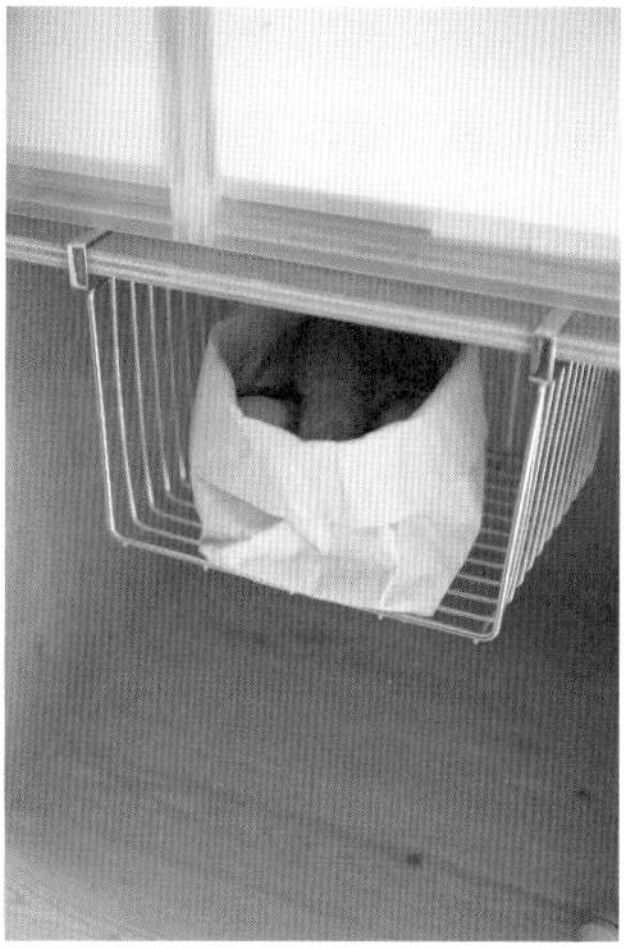

床が掃除しやすい

常温で保存する根菜類はハンギングラックに。床に直置きすると掃除機をかけるたびにどかす手間がかかりますが、これなら邪魔になりません

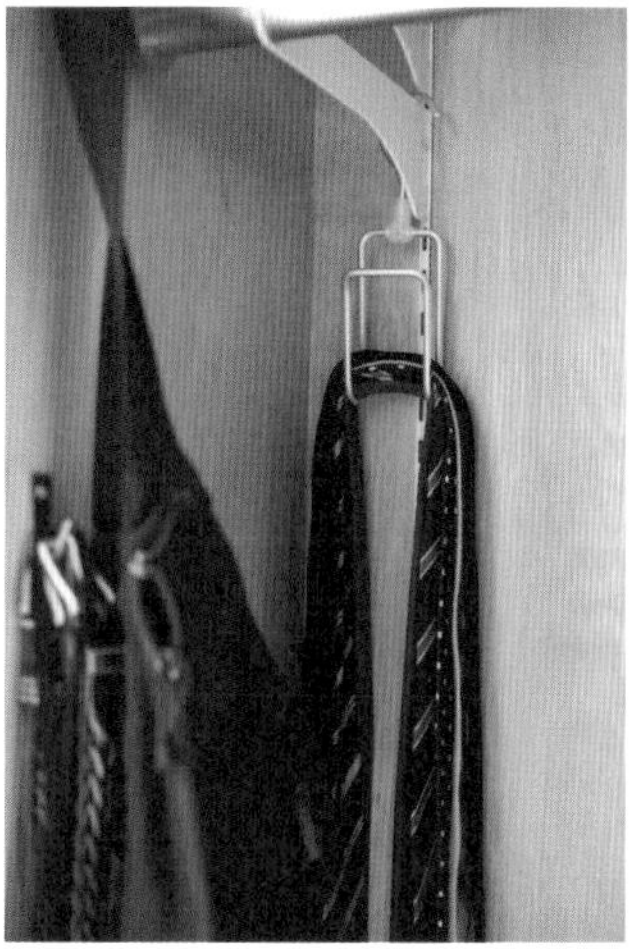

ズリ落ちない

ネクタイはネクタイハンガー（無印良品）を使えば、複数枚かけてもズリ落ちません。ストールをかけてもシワにならず、バック収納にも使えます

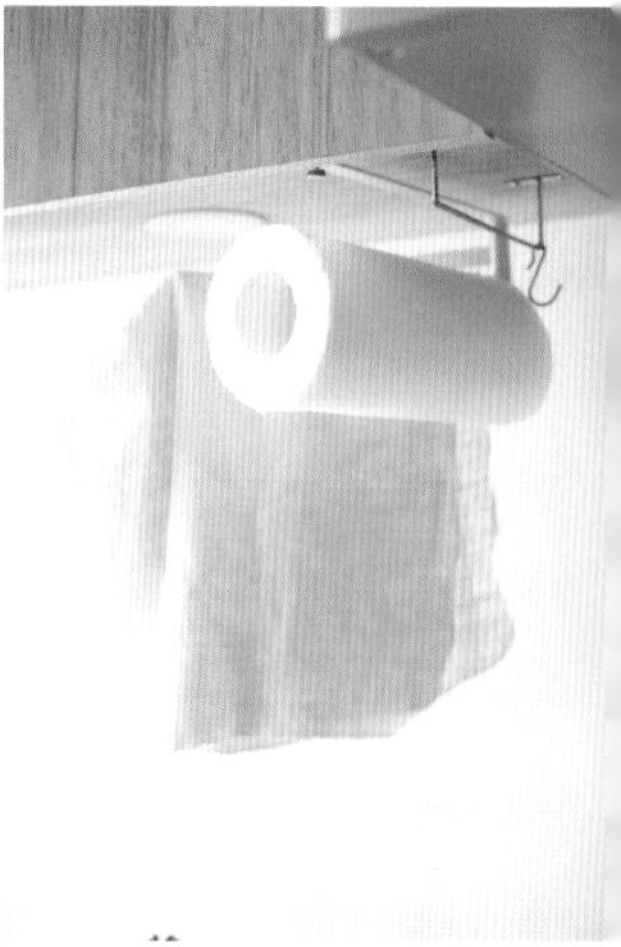

すぐ取れる、使える

キッチンペーパーとふきんは、吊り戸棚用のふきんハンガー（山崎実業）にかけます。手を伸ばすだけのワンアクションで取れる、使えるで便利

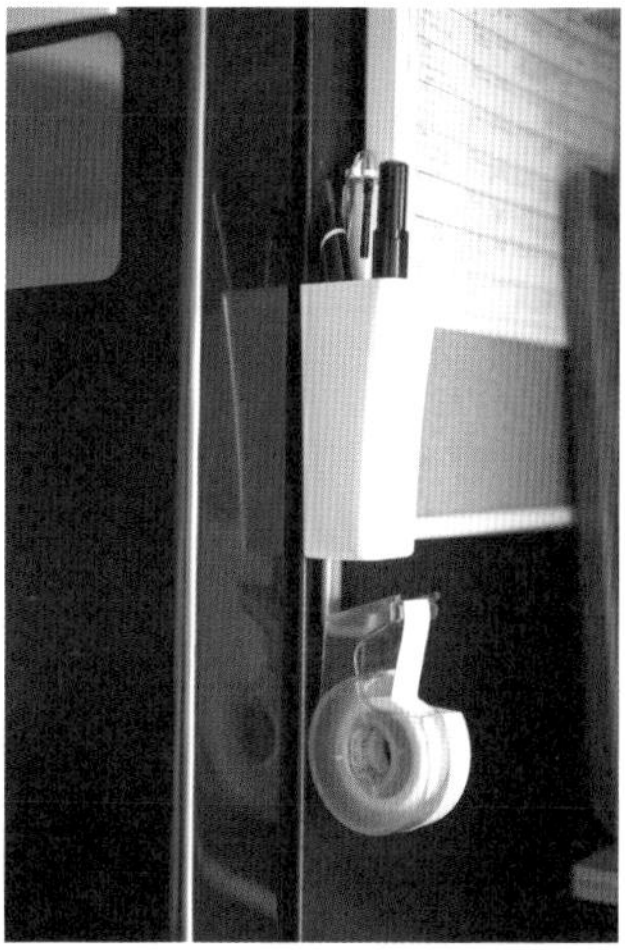

使う場所に置ける

食材を保存したり開封したとき、マスキングテープに日付と内容を書いて貼りつけます。その際に使うグッズを100円ショップのマグネットケースに

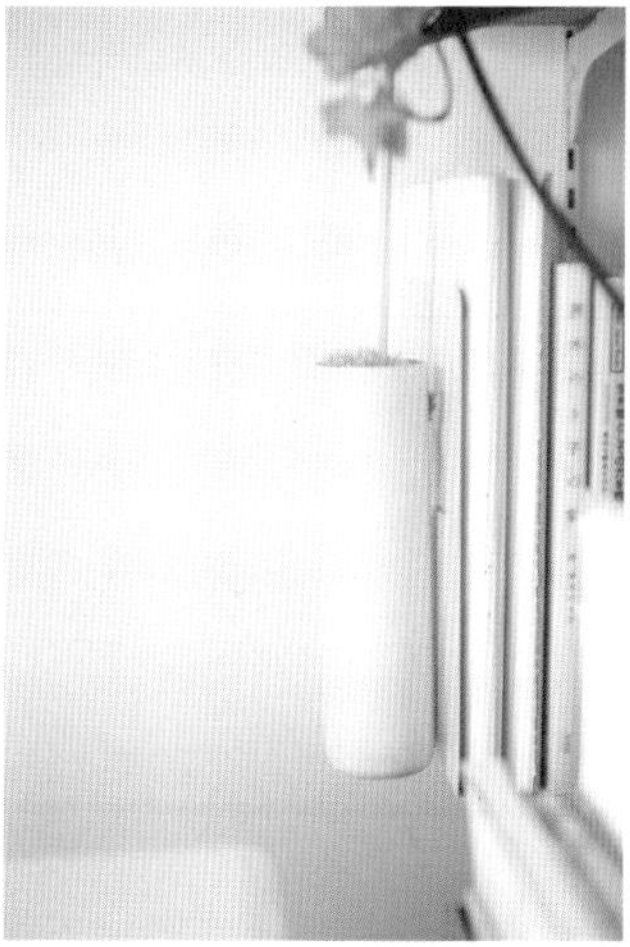

気づいたときに掃除できる

ブックスタンドにハンディモップを面ファスナーでペタリ。浮かせることで収納場所をとりません。ホコリが気になったとき、すぐ手に取ってササッと掃除できます

プラグの抜き差しがラク

IKEAの電源タップを100円の面ファスナーでテーブル裏に貼りつけ。ここでパソコンを使うとき、イスに座ったままプラグの抜き差しができて便利です

2章　決めて暮らす

自分軸、家族軸を決めてブレない

世間一般でいいとされていることが
自分やわが家に合っているとは限らない。
みんなと同じでなくてもいい。
わが家の軸を決めると
日々の暮らしで迷うことが少なくなりました。

暮らしの流れを止める“よどみ”を察知したら、固定観念にとらわれず、自分のやり方で取り除くように心がけています

「こうあるべき」を疑ってみる

「普通はこうする」とか「普通はこうはしない」と言われていることがあります。以前の私も、そういった固定観念や世間一般の常識的なことにとらわれていたように思います。

それが少しずつほころび始めたのは、結婚して自分の家庭をもってから。最初に住んだ築40年超の古〜いつくりの団地で、なんとか快適に暮らそうと自分なりに工夫したのがきっかけです。備えつけの収納が押入れしかなかったので、ふすまを取り払ってクロゼットの代用にしたり、和室2部屋と台所だけだったので、畳の上にソファを置いてみたり。普通はあまりしないことでも、わが家にはそれが向いていました。

その後も、世の中で「普通」と言われているやり方にとらわれず、自分や家族の「暮らしやすさ」や「心地よさ」を基準に考えるように。収納のアイデアも、そこから生まれたものがたくさんあります。世間一般の「こうあるべき」を手放して、自分軸や家族軸で考えると、暮らしにくさの原因になっている〝よどみ〟を取り除く手がかりが見えてくるように思います。

家事を時間で区切ってみる

「1日中、家事に追われている」と感じることがありますが、ひとつずつの家事にかかる時間は意外と短いもの。たとえば食器洗いは10分もあれば終わるし、掃除機がけは、わが家の場合、家じゅうかけても15分。家事を区切ってみると、余程大がかりなことでない限り、どれも15分程度で終わります。そう思えば重い腰が軽くなり、始めるまでのグズグズした気持ちと時間がなくなります。

またひとつの家事の所要時間がだいたいわかっていれば、保育園のお迎えまであと20分というときも、「20分あれば、アレとアレができる」と短い時間でも有効に使うことができます。

子どもが生まれるまでは、仕事も家事も自分のペースでできたので、時間を意識することはあまりなかったように思います。でも今は、子どもが保育園に行っている間に集中して終わらせる必要があり、お迎えまでが私に与えられた時間。タイムリミットがあると、いかに効率よく作業を終わらせるか考えるし、動きもテキパキしてパフォーマンスがよくなるように思います。

夕飯の下ごしらえは15分

保育園のお迎えの前に夕飯の下ごしらえをします。ギリギリまで仕事をしているので、いつも大忙しで終わらせます

洗濯物干しは5分

洗濯機から取り出した衣類はその場でどんどんハンガーにかけ、いっぺんにベランダに持って行きます

書類チェックは10分

「時間があるときにちゃんと見よう」と、とりあえずまとめておいた書類、郵便物、レシートなどの紙類の整理は10分もあれば片づきます

ベランダ掃除は15分

ベランダに水を撒いてブラシでゴシゴシこすって水洗い。大がかりなようですが15分もあれば終わります

食事作りはコレに頼ると決める

材料を入れて、スイッチをONしたら、あとはほったらかし。無水調理できる「ヘルシオ ホットクック」（SHARP）

「苦手な家事はありますか？」と聞かれたら、私は迷うことなく「料理！」と即答します。なにが苦手って、献立を考える、食材の組み合わせを考える、味つけを考える……と「考える」ことだらけだからです。この考える作業が、私は大の苦手なのです。

結婚以来10年間、料理に苦しんできた私に救いの手を差し伸べてくれたのが、自動調理鍋の「ホットクック」。材料を時間差で入れる、火加減を調達する手間が不要で、食材と調味料を入れてスイッチを入れるだけで、おかずが完成するというスグレものです。

コイツは「ワタシ、こんなものが作れるんです」と付属のレシピで自己紹介してくれるので、その中から今日作るものを決めたら、あとはな～んにも考えずにレシピに従うだけ。私が一番苦手な「考える」という作業をバッサリ省略できます。レシピ通りに作れば、まず味の失敗もありません。しかも無水調理なので素材本来の旨みが堪能できるのもいいところ。レパートリーも豊富で肉じゃが、豚の角煮、おでんといった主菜から、ひじき煮、切り干し大根煮、きんぴらなど副菜もお手のもの。内ぶたなどのパーツは簡単に脱着することができ、ほぼ食洗機ＯＫ。頼りになる相棒を見つけました。

時間とやる気で ホットクックのお頼り度を変える

夕方の忙しさとその日のやる気や余力によって、
ホットクックに任せるパートを変えます。

お頼り度★

豚汁やけんちん汁など具だくさん汁物を任せます。ポタージュも材料を入れ、途中、数回混ぜるだけで作れます

お頼り度★★

メインおかずを別に作る余裕があるときは、ひじき煮やきんぴらごぼうなど煮物系の副菜を

お頼り度★★★

調理にかけられる時間も元気もないときは、1品で献立が成立するカレーやぞうすいなどをお任せ

〝変化球〟系の調味料は自分軸で選ぶ

世の中、「おいしそう」「便利そう」と心惹かれる調味料は数あれど、使い切れずに無駄にしてしまうことがよくあります。特に定番調味料とはひと味違う特徴のある〝変化球〟系のものは、その可能性が高いものです。たとえば万能だれ系。〝万能〟なにのなぜ使い切れないのかを考えたところ、おかずに直接かける調味料はしょうゆ、ソース、マヨネーズなどが、すでにあるので出番が少ない。黒酢は「体にいい」と聞いて買ったものの、穀物酢との使い分けがよくわからない。豆板醤とコチュジャンは、辛いものが苦手な私には、そもそも辛い味つけの料理のレパートリーがほとんどないので余っています。

数々の痛い失敗を経て、変化球系の調味料は使う料理がすぐ思い浮かぶこと、自分がよく作るものに使えること、わが家の食生活に合っていることを基準にして選ぶことに決めました。さらに調味料をあれこれ混ぜて味を作るのが苦手な私には、「これひとつで味が決まる」ものが向いていることが判明。「テレビCMで観たから」ではなく、〝自分軸〟で選ぶことで、以前に比べて初トライの調味料でも使い切れるようになりました。

C

だし醤油

(鎌田醤油)

さば節、かつお節、昆布のうまみがギュッと詰まっただししょうゆです。味つけに迷ったときや、味見をして「なんか物足りないな」と感じたとき、これに頼れば間違いありません。料理が苦手な私を助けてくれるマスト調味料

D

発酵のちから
サクサクしょうゆアーモンド(キッコーマン)

フリーズドライしたしょうゆのサクサク食感が斬新かつ新鮮！　初めて食べたとき、あまりのおいしさに衝撃を受けた逸品です。ゆで野菜にかけるだけでごちそう感が出るし、白飯との相性も抜群。ご飯がすすみます

A

素材の旨みをひきだす生花糀

(マルコメ)

肉、魚、野菜など食材を選ばず、少量加えて漬けるだけという「簡単明瞭」さが私向き。麹の作用でしっとりやわらか、やさしい塩味になります。フレンチトーストの卵液に混ぜると塩味とまろやかさがプラスされておすすめ

B

いろいろ使えるカンタン酢

(ミツカン)

穀物酢や米酢のように塩や砂糖など他の調味料を加えなくても、酢の物、マリネ、ピクルスなどの味が決まる“お助け調味料”。商品名の通りいろいろ使えるので、1本必ず使い切れます。酢飯もこれだけで味つけが完成

子どもの朝食はワンパターンでいい

2年ほど前から、子どもの朝食はサンドイッチと決まっています。長男が2歳になって、保育園に行く前にちゃんと朝食を食べさせるようになってからの定番朝食です。二男も、最初から朝はサンドイッチと決まっていたので、何の文句も疑問もなく、毎日、サンドイッチを食べています。むしろ、「これがボクの朝食」とインプットされているので、たま〜に親の都合で違うものになると、食べるのを渋られて、朝からひと悶着起きることも。

サンドイッチになった理由は、手づかみで食べられるので、子どもが自分で食べることができ、食べこぼしの片づけも簡単だから。果物などをトッピングしたヨーグルトを添えれば、栄養バランスも◎。

ワンパターンにして一番良かったことは、朝食のことを考えなくてよくなったこと。とにかくパンさえ切らさなければ、なんとかなるので、朝食用の食材管理も断然ラクになりました。ワンパターンといっても、具を変えることで、意外とマンネリ化しません。ワンパターン朝食のおかげで、朝のスタートがスムーズになりました。

子どもに人気のサンドイッチ朝食

サンドイッチ、ヨーグルト、牛乳の3点セットの朝食。
サンドイッチの中身とヨーグルトのトッピングを日替わりにします。

サンドイッチの中身は日替わりで

- □ バター＋ジャム
- □ バター＋黒ごまはちみつ
- □ バター＋マヨネーズ＋ハム＋チーズ
- □ たまにフレンチトースト

子どもが小さいうちは揚げ物はやらない

実は、私、人生で揚げ物をやったことがほぼありません。実家では当たり前のように、家で揚げた揚げ物を食べていましたが、いざ自分がやるとなると、油の処理などが面倒そうでかなりハードルが高いからです。

二の足を踏んでいる理由はほかにもあります。せっかく家で揚げるなら揚げ立てを食べたいですが、今はその余裕がありません。また3歳と5歳には、揚げ物をモリモリ食べるほどの食欲はまだありません。夕飯が今より余裕をもって作れて、子どもたちの食欲がもう少し旺盛になるまで、揚げ物デビューはお預けにすることに決めました。

揚げ物が食べたいときはスーパーの総菜ですませます

キャラクターものではなく、無印良品の定番ものを兄弟で色違いに。3歳の子どもでも自分のものが見分けられます

兄弟の下着と靴下は定番の色違いに

子ども服専門店やスーパーの子ども服売り場など、子どもの下着や靴下はいろいろな場所で買えますが、わが家は無印良品のものに限定。同じものを兄弟で色違いにしています。ずっとこれなので、3歳の弟も自分のものを間違えません。定番を決めると選んだり、迷ったりがなくなるので、サイズアウトしたときも買い替えがラクです。

また洗濯して畳むときも、兄弟どちらのものかを迷わずにすみます。「子どもはキャラクターつきが好き」と思いがちですが、親が決めた定番を案外すんなり受け入れるもの。今のところ下着に関しては、子どもの嗜好よりも、親のラクを優先して選んでいます。

持ちすぎない。「これだけあれば足りる量」を知る

わが家ではタオルとふきんの枚数はこれだけ。下着や靴下の数も決めています。

毎日、洗濯機をまわすので、今日使ったものは、翌日には乾いてキレイになっています。だから同じ用途のものを何枚も持つ必要はありません。突き詰めれば2枚をぐるぐる使いまわしても足りるのですが、一応、予備として1〜2枚をプラス。それで十分足ります。

必要十分な数しか持たず、全部をまんべんなく使いまわすので、劣化するのも同じスピード。だから同じタイミングで一気に買い替えられます。全部がそろって新品になるというのは、なかなか気持ちがいいものです。

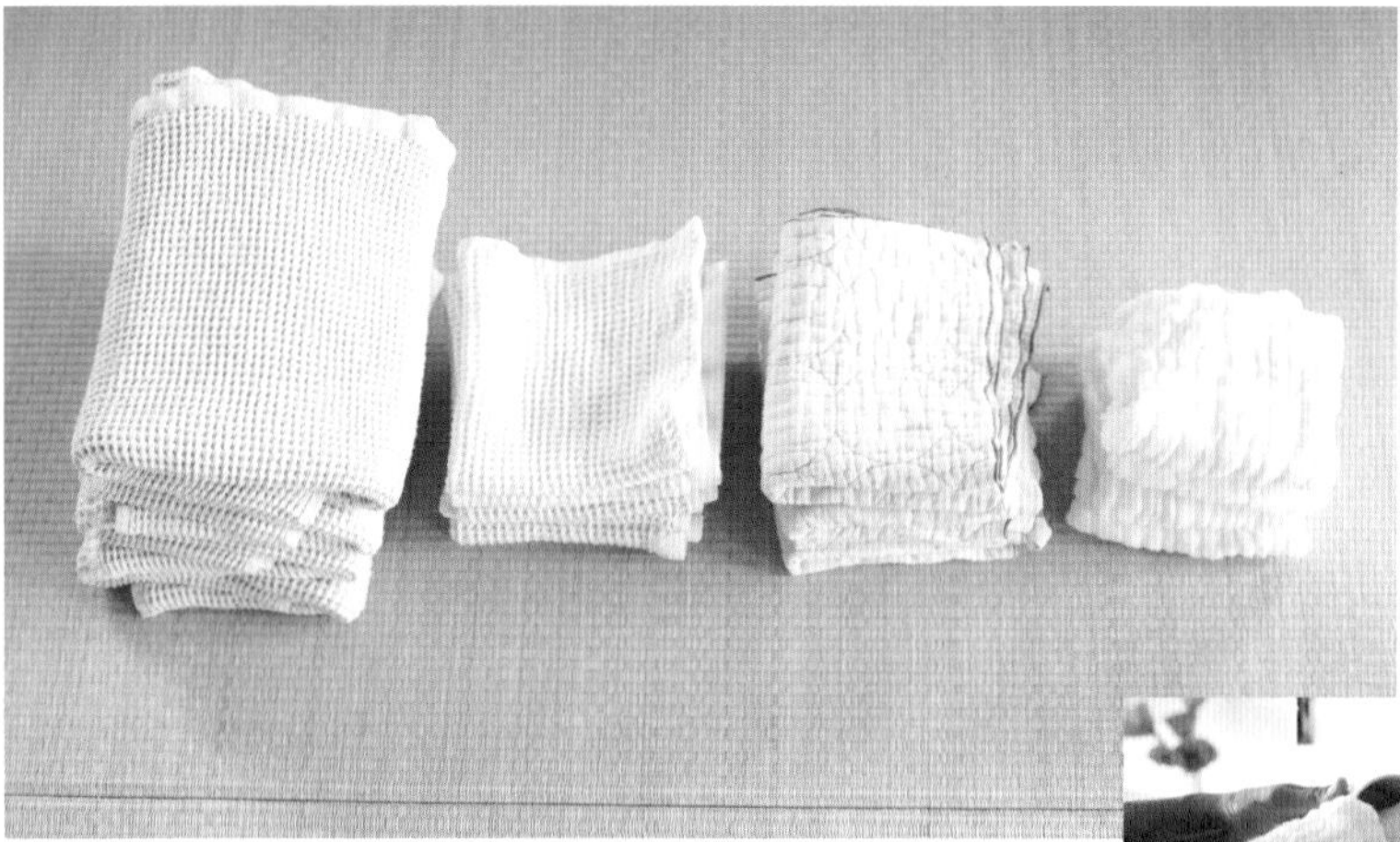

左から、体を拭くワッフル地のスモールバスタオル4枚、顔を拭くハンドタオル6枚は無印良品のもの。手拭き4枚はYARN HOME、食器拭き4枚は白雪ふきん。ふきんとタオルは漂白しやすい白地のものを選びます

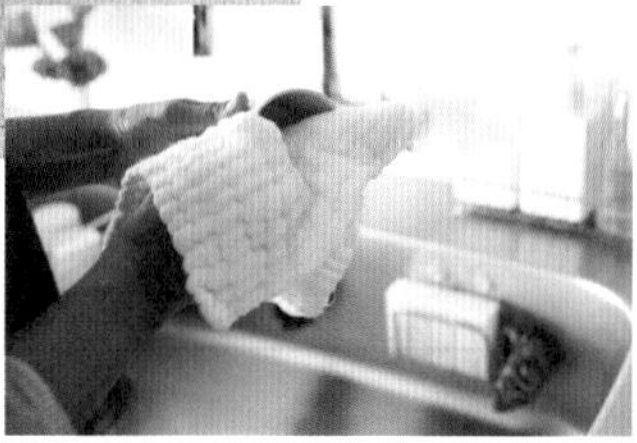

食器拭きには「白雪ふきん」を愛用。綿の強度とレーヨンの柔らかさを生かしたふきんで、洗濯するほど手触りがよくなります

保育園で使うシーツは市販のものを購入。タオルエプロンは義母の手作り

手放せる家事はためらわずに手放す

炊事、洗濯、掃除……なんでもこい！の〝スーパー主婦〟の方もいると思いますが、私はまったくそうではありません。そして、苦手なことは無理して頑張らない性分。

苦手な家事のひとつがソーイング。保育園指定のタオルエプロンは、ずっと通販に頼っていましたが、裁縫が得意な義母にお願いしたら、喜んで作ってくれて大助かり！　得意な人にお願いできるなら、頼るのもいいと私は思います。

頼れる人がいない場合は、家電を頼ってもよし。私は食洗機、お掃除ロボット、自動調理鍋などの便利な家電を取り入れて、手放せる家事はどんどん手放して、ラクするようにしています。

家事を外注する手もあります。週に何回か家政婦さんに来てもらい、掃除や食事作りを発注するというケースも珍しくなくなってきているようです。「働いているから時間がない」という理由でなくても、「苦手だから」や「他にもっとしたいことあるから」でもいい。手放して得られる時間や労力を別の使い方に生かすことで、いい循環が生まれる気がします。

ものは自由な発想で使いまわす

お店やネット通販で売られている商品の大半は、「○○に使うもの」という用途が決まっています。複数の用途があるものもありますが、大枠は決まっているものです。

でも、それにこだわらず、自由な発想でものを観察してみると、自分ならではの使い道を発見できることが多々あります。そのチャンスが多いのが、シンプルな作りやデザインのもの。そういうものに出会うと「なんか可能性ありそうだな～」と私のもの選びのアンテナがピクッと反応。「○○用」のフィルターを外すと、今よりもっと便利な暮らしの扉が開くかもしれません。

持ち手つきホーローストッカー

みそ、塩、砂糖など入れによく使われるものですが、
調理中に出た野菜くず入れにしたり、ふきんの煮洗い用の鍋代わりにしたり

【ふきんの煮洗い鍋】

【野菜くず入れ】

バスマット

業務用のビッグサイズのバスマットなら、お風呂上りの子ども2人をしっかりキャッチ。

多少動きまわっても、床がびちょびちょになりません

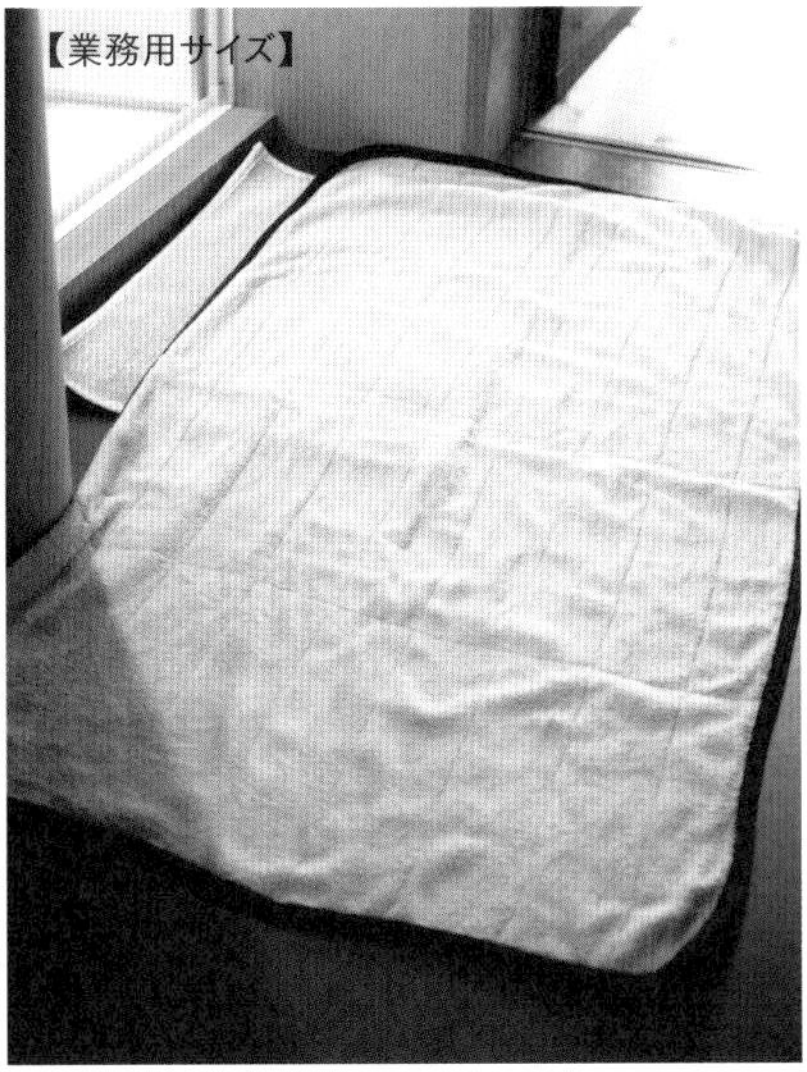

【業務用サイズ】

ポリエチレン製のカゴ

無印良品の「やわらかポリエチレンケース」は、あるときは脱衣カゴとして、
あるときはシーツなど大物の浸けおき洗い用として活躍します

【浸けおき洗い】

【脱衣カゴ】

収納場所に決まりはない

「普通はこうする」という固定観念を取り払うことの大切さは、収納にも共通しています。「普通、○○はここにしまうもの」にとらわれると、自分や家族にとっての暮らしやすさが、後まわしにされることがあります。

わが家では、夫が通勤時に携帯するものはキッチンのバックカウンターの上が定位置。普通なら、玄関に置くものなのかもしれませんが、夫にとってはここが便利。帰宅後も、出勤前も必ず通る場所で、しかもオープン収納だからポイッ！と入れて、サッと取れます。

〝わが家流〟の収納が、暮らしやすさに直結します。

夫が通勤時に携帯するものは、玄関への通り道になっているキッチンのバックカウンターの上を定位置に

収納の余白を恐れない

引き出しや棚に「余白＝空き」ができると、「もったいない」と何かで埋めずにはいられない人がいます。が、余白は無駄な空間ではなく、待機中の空間。日々、家の中に入ってくるさまざまなものの受け皿になるのが、余白です。余白がなく、現状でめいいっぱいだと、新入りが来たとき、何かが出て行かない限り、居場所をつくってあげられません。結果、ものが出しっぱなしになって散らかる原因に。

びっちり詰まった収納は窮屈で、ちょっと息苦しい。お腹も収納も八分目くらいがほどよく、余白はココロと暮らしのゆとりにつながります。

キッチン収納の引き出しにできた"余白"。「空けておくのはもったいない」という思いは捨てて、堂々と空けておくと、いざというときに助かります

動画視聴はルールを決める

「子どもがネット動画ばかり観て困る」と悩んでいるお母さんは多いと思います。わが家もそうでした。そこで「動画は、父ちゃんがいるときに15分だけ観る」というルールにしました。

15分で切り上げられるようにタイマーをセットします。こうすることで、時計が読めない子どもでも、15分という時間の長さの検討がつくようになり、切り上げがスムーズに。

「父ちゃんがいるときだけ」にしたのは、帰宅時間がまちまちなので、子どもが起きているうちに帰って来れないときもあり、動画視聴が毎日にはならない利点があるから。夫の帰宅が間に合うと「イェ～イ！動画が観れる！」と歓迎されて、父ちゃんも気分がいいというサブ効果も。

決めたルールを守るのは、子どもより親の方が難しいことがあります。忙しいと、つい子守りを動画に頼りたくなりますが、そこはグッとこらえます。親の都合で例外をつくると、観ていいときとダメなときが、子どもの中でグラつくからです。子どもの成長とともにルール変更が必要になるでしょうが、今のところはこれで乗り切っています。

父ちゃんがいるときだけ

夫の帰宅が遅いときは観られないので、動画視聴が毎日にならないメリットがあります

15分だけ

観る前にタイマーをセット。アラームが鳴ったら強制終了です

非常時の備えは日常の延長線上で考える

非常時の備えはもちろん大切ですが、非常時のために、ものを買い込んで置き場所に困ったり、ストックが多すぎて家の中が窮屈になるのは困ります。

コロナ禍を体験して改めて実感したのは、非常時に本当に力を発揮する備えとは、日常生活の延長線上あるということ。たとえばストックも、何がどれくらいあれば、普段の暮らしがまわっていくのかをまず把握して、それを基準にして、何かあったとき用のプラスアルファの備えを考えることが大事だと思っています。

以前は、ストックは日常生活に必要最小限しか持ちませんでしたが、（ときにはゼロになることも）、これを機会に見直しました。米、パスタ、もち、グラノーラ、即席麺など非常時に主食になり得るものは、日常用＋非常時用を考えて、以前より多めにストックするように。

また、数だけではなく、ものの置き場所が決まっていて、家族もそれを把握していてすぐに取り出せるなど、日ごろからものの管理を整えておくことが、いざというときの助けになると思います。

日用品

トイレットペーパー、ティッシュペーパー、ウェットティッシュなどの日用品のストックはコロナ前よりは多少多めになりましたが、洗面所横の棚に入る分だけと決めています

食料品

食料品のストックは「非常食」ではなく、インスタント食品、レトルト食品、パックのご飯など日持ちするもので、ふだん食べているものを少し多めに備えています

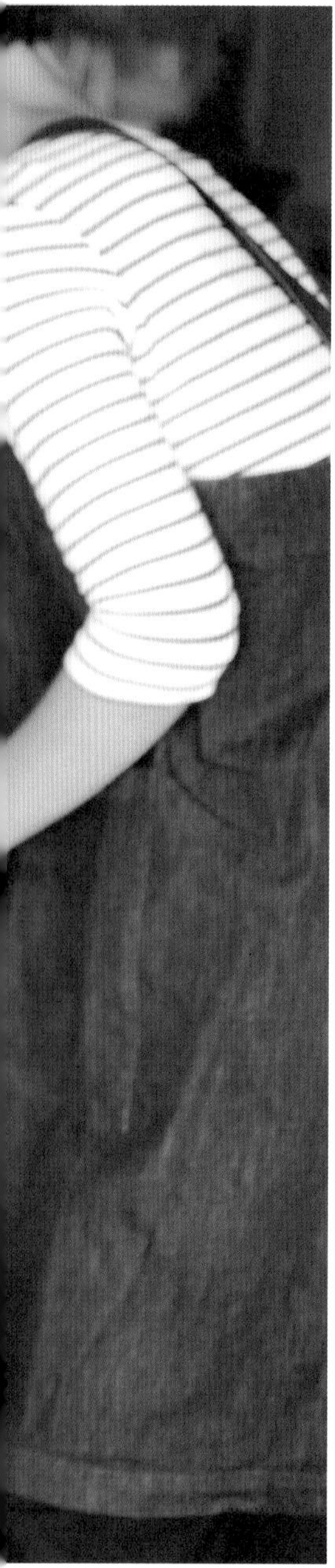

3章
収納は家事を助ける

家事の中心＝水まわりが肝心

家事の主戦場は、
キッチンとサニタリーに集中しています。
つまり水まわりが家事の中心ということ。
ここの収納を使いやすくしておけば
家事がよどみません。

水まわりの掃除で 家もココロもスッキリ

水まわりは水アカ、ヌルヌル、ニオイなどが発生しやすく、家の中でも汚れやすい場所。しかもホコリのように、すぐに目につく汚れとは異なり、最初のうちは、ついた汚れが見えにくいものです。目には見えなくても、掃除をサボると汚れはジワジワと蓄積されて、ある日、その正体をあらわします。トイレの水たまりの輪ジミ、通称「サボったリング」がその例です。

水まわりをキレイに保つには、油断しないでまめに掃除するしかありません。「見えない汚れ」と言いましたが、掃除をすると汚れがついてることがわかります。たとえば洗面ボウルをスポンジで磨くと、磨く前と後とでは輝きが違います。なんとなくモヤ〜ッとしていたのが、ピカッ！となり、掃除のし甲斐があるというものです。

汚れがたまりやすい場所だからこそ、掃除をすると目に見えてキレイになるし、達成感も大きいのが水まわり。夕飯の後片づけのついでにシンクをザッと磨く、トイレの便座だけは毎日拭く……など少しの手間で、水まわりのキレイを保てば、家もココロもスッキリします。

キッチン

リズミカルに台所仕事がはかどる収納

料理が苦手な私がキッチン収納で重視しているのは効率のよさ。必要なものが、手を伸ばすだけですぐに取れるように配置しています。「ラップ！」「はいよっ！」、「菜箸！」「はいよっ！」とテンポよくすすみ、「ご飯作るの面倒くさい～！」となりがちな私を助けてくれます。

左は「飲む」、右は「盛る」で分ける

左側の引き出しは「飲む」ときに使うコップなどを、右側は「盛る」ときに使う器を収納。家族にもわかりやすい分け方に

ゴミ箱はキャスターつきを

調理中にゴミが出たとき片手で引き寄せてポイッ！ フタがフチに引っかけられるので、よく使う朝夕は開けっぱなしにしています

倒れないツールスタンド

ステンレス製のツールスタンド。重みがあるので、柄の長いものを立てても安定感がある「頼もしいヤツ」です

カトラリーは立てる

カトラリーは寝かせるより立てた方が、断然取り出しやすい。深さのある引き出しなら、斜めにすれば立てられます

同類はまとめて1回で取る

用途が同じものはカゴやケースにまとめて入れておきます。
1回で取り出せて、使いたいものを選ぶことができます

上から見てわかるラベリング

引き出しのフチにラベルを貼っておけば、引き出しを開けたときに一目瞭然。迷わないから、作業が止まりません

保存容器は本体とフタをバラして収納

本体とフタを分け、本体は重ねて、フタは立てることで省スペースに収納。空いた左側を保存袋類の定位置として有効活用

ふきんのストックは振り向けば取れる

ふきんのストックはバックカウンターの棚に。キッチン作業中のふきんの交換が片手でできてスムーズ。無駄な動きがありません

冷蔵室

前面を見るだけで在庫が全部把握できる

前面＝一番手前に置いてあるものを見れば、
奥のものまでわかるようにしています。
たとえばヨーグルトを縦一列に並べたり、ケースにラベルを貼れば、
手前のものをどかさなくても把握できます。

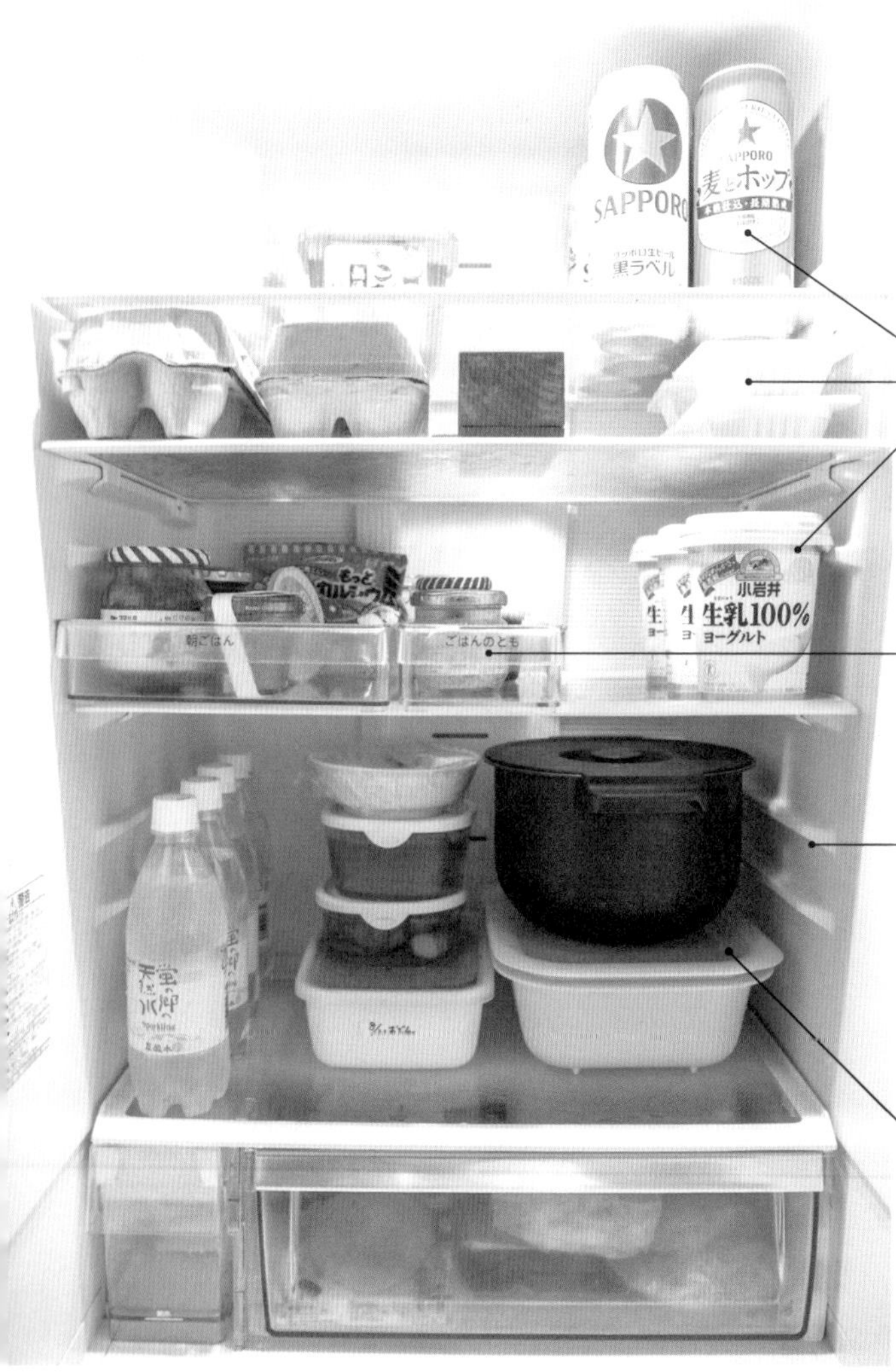

同種のものは縦一列に

先頭のものを見るだけで奥のものを把握できます

用途が同じものはまとめる

鮭フレークや佃煮などのご飯のお供、朝食のサンドイッチに使うものはケースにまとめてます

棚板の間隔を調整

棚板の間隔は均等にする必要はありません。置くものに合わせて使いやすいように調節しています

鍋がそのまま入るスペースを確保

残ったカレーやおでんが鍋ごと入ると便利です

調味料はドアポケットに

ドアポケットは出し入れしやすい場所なので調味料をまとめると、調理中の味つけがスムーズに

スライスチーズがすっぽりハマる

ドアポケットの中でも奥行きが狭い個所は、チーズ類にジャストフィット!

1日に何回も飲む牛乳は前列に

2列になっているドアポケットの最下段は、前列をよく出し入れするものの定位置に

野菜室

上段の浅い引き出しをメインに

一般的な冷蔵庫の場合、野菜室を空けると
上段に浅い引き出しがついています。
開けた瞬間、パッと全体が見渡せるこの浅い引き出しを
野菜収納のメインにすると、必要なものがすぐに取り出せて便利です。

【上段】

つぶれやすい野菜は上段に

トマトなどのつぶれやすい野菜は上段に入れます

使いかけはまとめる

使いかけの野菜は密閉保存袋にまとめて、この中のものから優先的に使うようにしています

傷みやすい野菜は上段に

水分を多く含むきのこは傷みが早いので目につく上段に

野菜は重ねない

下に隠れているものがないので使い忘れがありません

【下段】

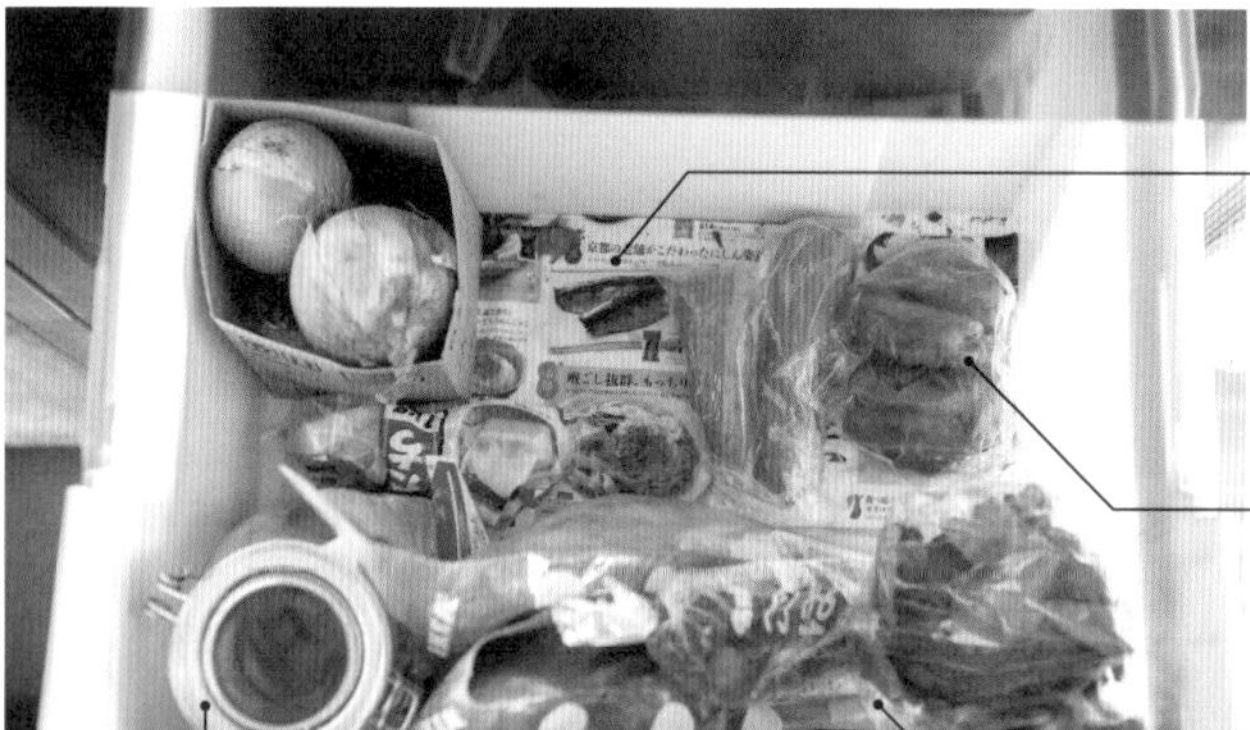

チラシを敷いて汚れを防止

野菜クズや土などで汚れやすいのでチラシを敷いています。汚れが目立ってきたらチラシを交換

ビニール袋は透明のものを

レジ袋のように中が見えない袋はNG。使い忘れの原因になります

ビン詰めを入れても○

背の高いビンは冷蔵室に入れにくいのでここに。フタが透明のものを使用して、上から見て中身がわかるようにしています

長さのある野菜は下段

ネギやゴボウなど長い野菜、白菜、キャベツ、大根などの大物野菜は下段

冷凍室

冷凍食材は保存袋に入れて立てる

冷凍室はピッチリ詰め込んだ方が冷却効率がよくなるので、
できるだけすき間なく入れています。肉、パン、ご飯とざっくり分け、
それぞれの保存袋に。ラベルが見えるように立てて入れます

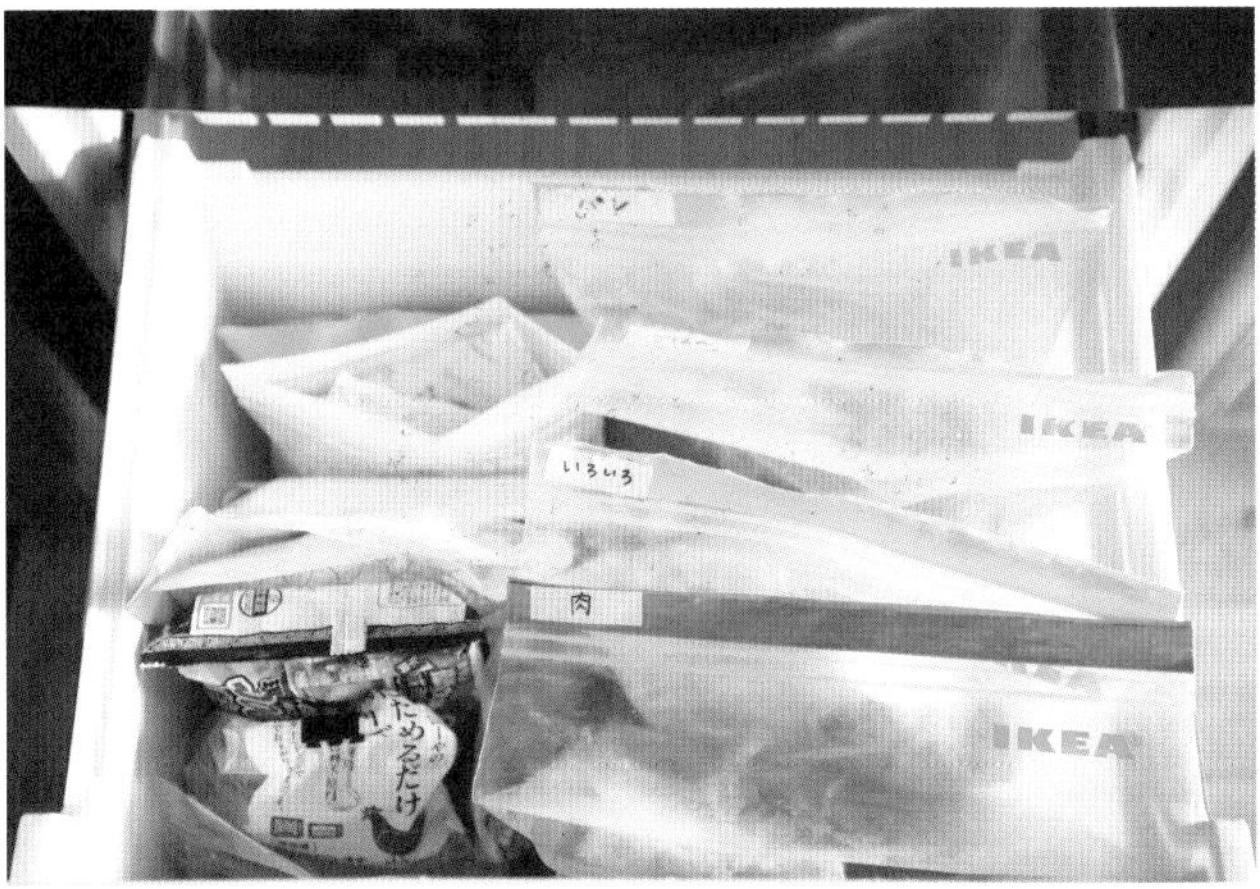

上から見て一目瞭然

重ねると下のものがわからなくなるので立てます。引き出しを開けたら見える位置にラベリングを。ミニ保冷剤はバラバラしないように保存袋に

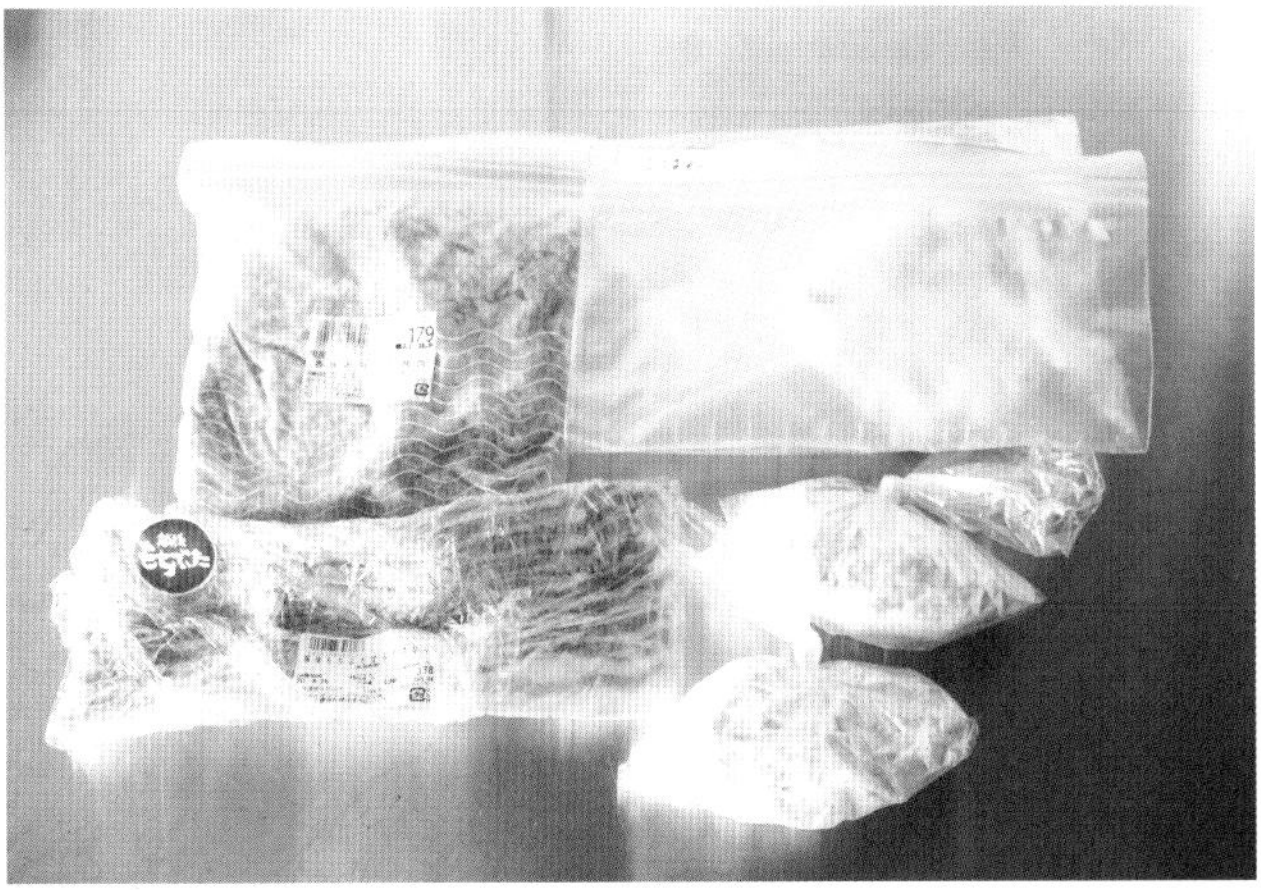

ラップで個別に包む

肉は買ったときに包んであった消費期限が書いてあるラップで包みます。ピザ用チーズは小分けにして冷凍保存

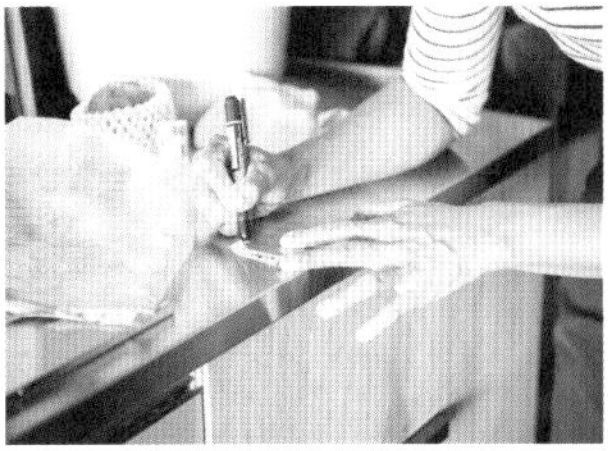

キッチンにペンとマスキングテープを常備して、その場でラベルを作成

洗面所

汚れをためない仕組みをつくる

わが家の洗面台は横長で2人並んで歯磨きができます。スペースがある分、ものをいろいろ置きがちですが、そうなると掃除が大変。

必要最小限のものだけを置き、掃除をしやすくして汚れをためません。

出しっぱなしのものが少ないから掃除がラクです。家族だけではなくゲストも使用するので、常にキレイにしておきたい場所です

鏡は アルコールスプレーで拭く

アルコールをシュッとひと吹きしてティッシュで拭けば、くもり知らずの鏡に。朝のルーティン家事のひとつです

カゴにまとめて朝だけ出す

歯ブラシ、歯磨き粉、スキンケアグッズなどのアメニティは持ち手つきのメッシュカゴ（ニトリ）に入れて、朝晩の使うときだけ洗面台に出します

洗面ボウルは スポンジで毎日こする

水アカやせっけんカスがつきやすい洗面ボウルは、スポンジで毎日こすって、汚れが定着するのを防止。スポンジは洗面台横の洗濯機に吊るしています

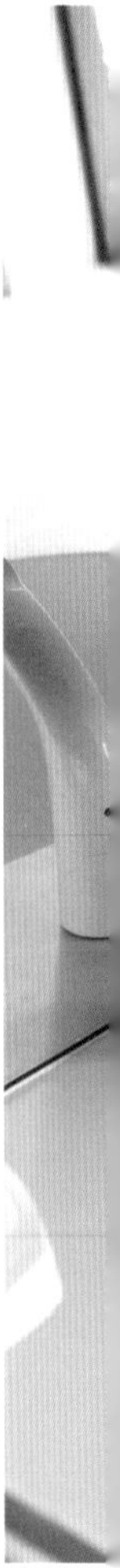

浴室前

下着と部屋着は浴室前に

浴室の正面に棚板を設置して、家族全員分の下着とパジャマを収納。
お風呂前に他の部屋から持ってくる手間がありません。
横に洗濯機が置いてあるので、乾燥機から出した洗濯物を
ほとんど1歩も動かずにしまえます。
そのたびに「ここに収納を作って大正解！」とにんまり。

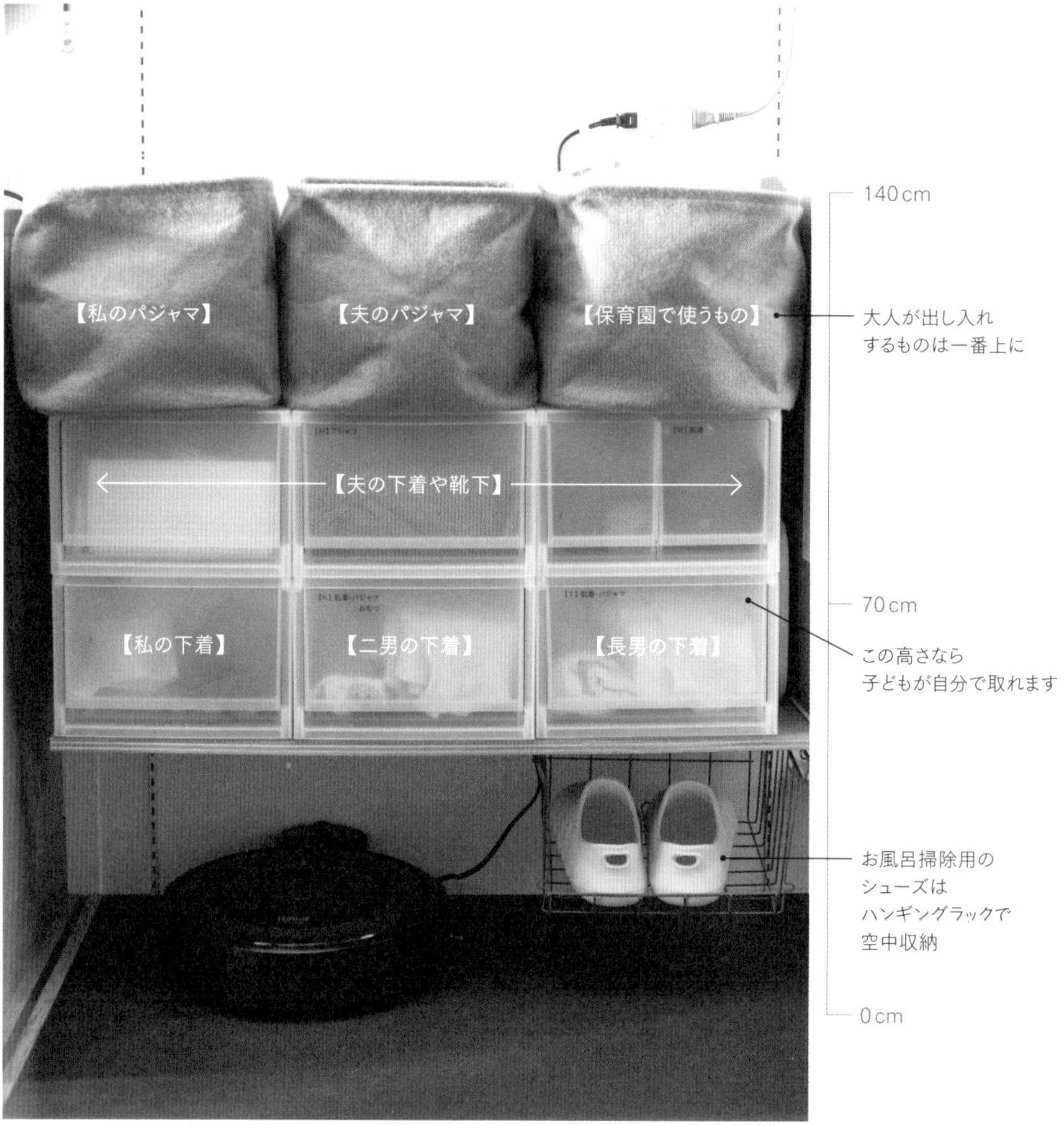

浴室

空中収納でヌメリ対策する

マンションの窓のない浴室は湿気がこもりやすく、
油断するとヌメリやカビが発生。ヌメリが発生しやすい接地面を
減らすために、ものは浮かせて収納しています。
"吊るしたがり"の腕の見せどころです。

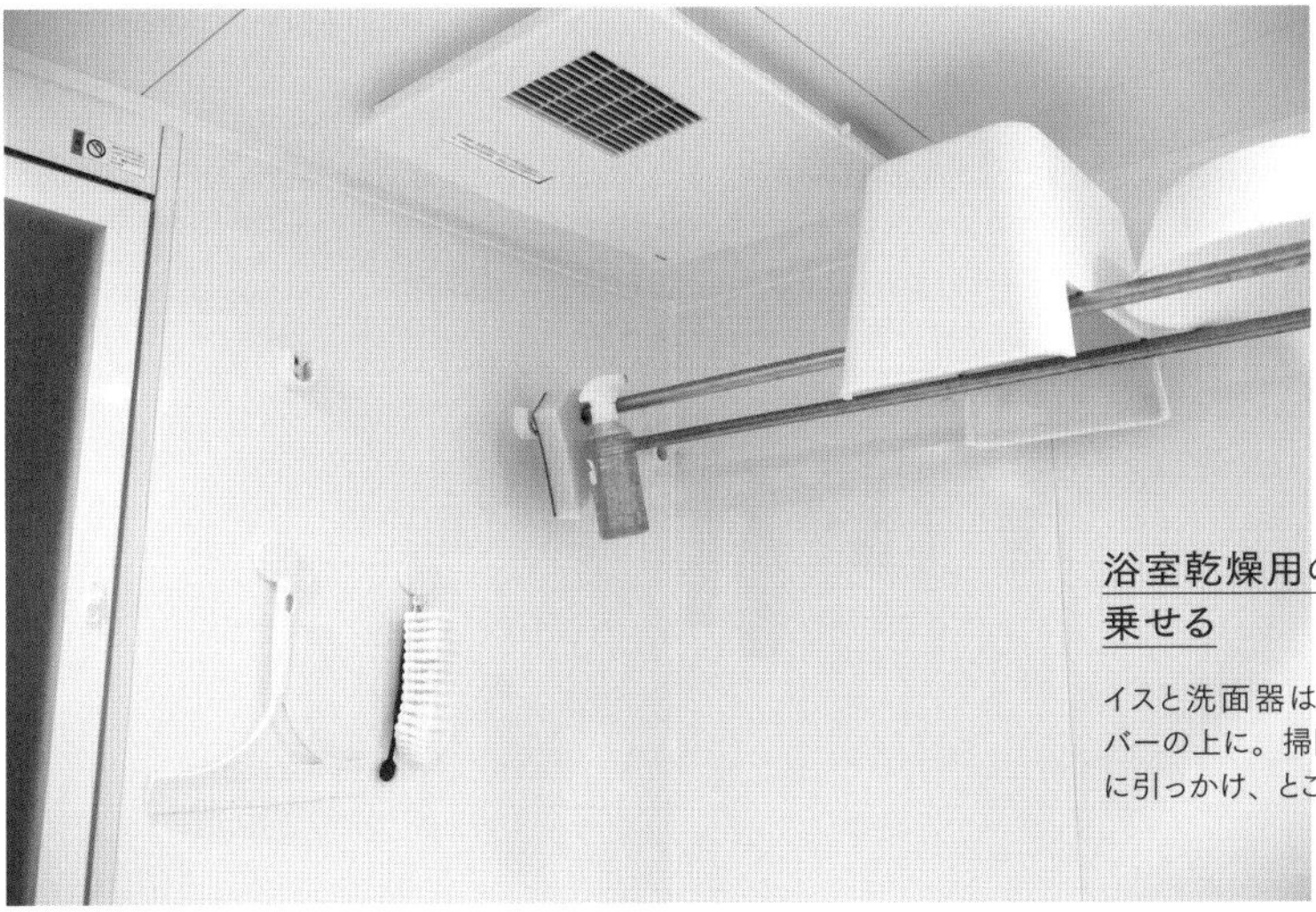

浴室乾燥用のバーに乗せる

イスと洗面器は浴室乾燥用のバーの上に。掃除グッズもフックに引っかけ、とことん浮かせます

タオルかけをフル活用

浴室内の掃除個所を減らすためにカウンターはつけませんでした。シャンプー、ボディソープも着地させません

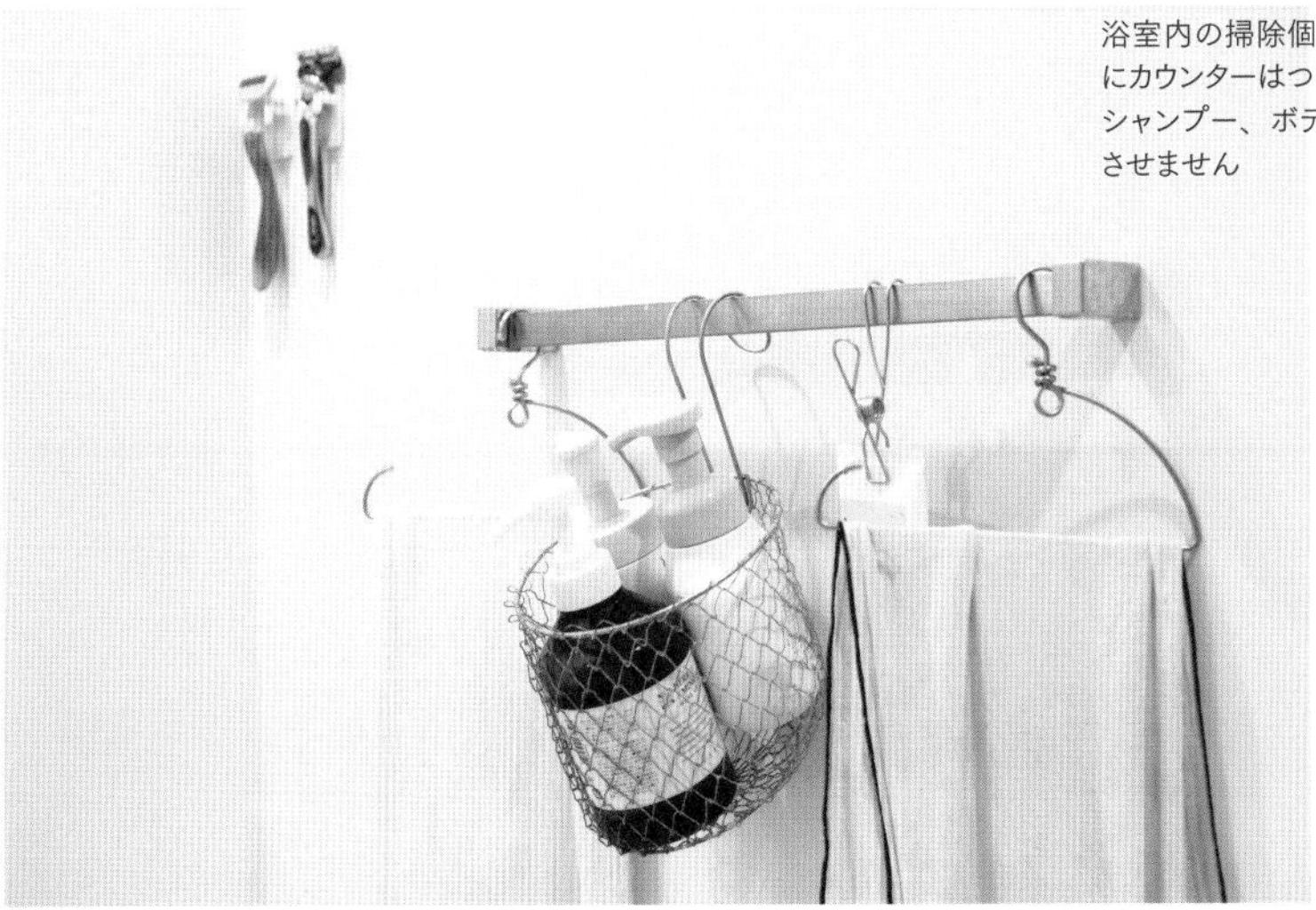

トイレ

家族にもゲストにも心地いい空間に

中古で購入した家をリノベーションするとき、トイレに求めたことは、夫：「座りやすさ」、私：「掃除のしやすさ」。
その結果、居心地がよく、かつ清潔感のある
トイレになりました。ゲストも「落ち着く〜」と褒めてくれます。

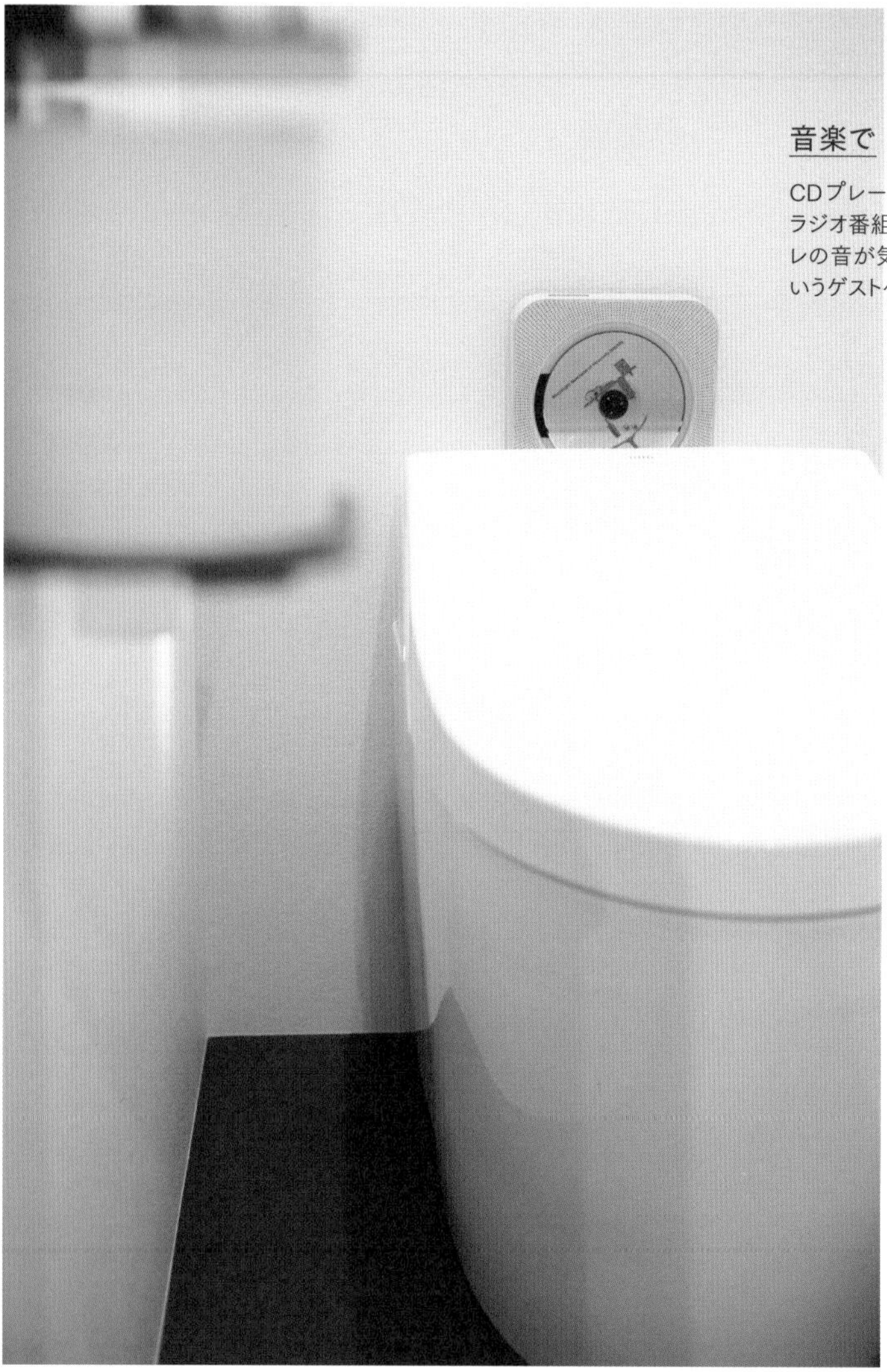

音楽で

CDプレーヤーで常時、音楽やラジオ番組を流しています。「トイレの音が気にならないように」というゲストへの配慮も

香りで

「ポスト プー ドロップス」(イソップ)のシトラス系のさわやかな香りが好きです。この香りに惚れ込み、これで3本目。スチール製の"男前"なペーパーホルダー(STUDIO DOUGHNUTS/現在ブラックは販売休止中)もお気に入りの逸品

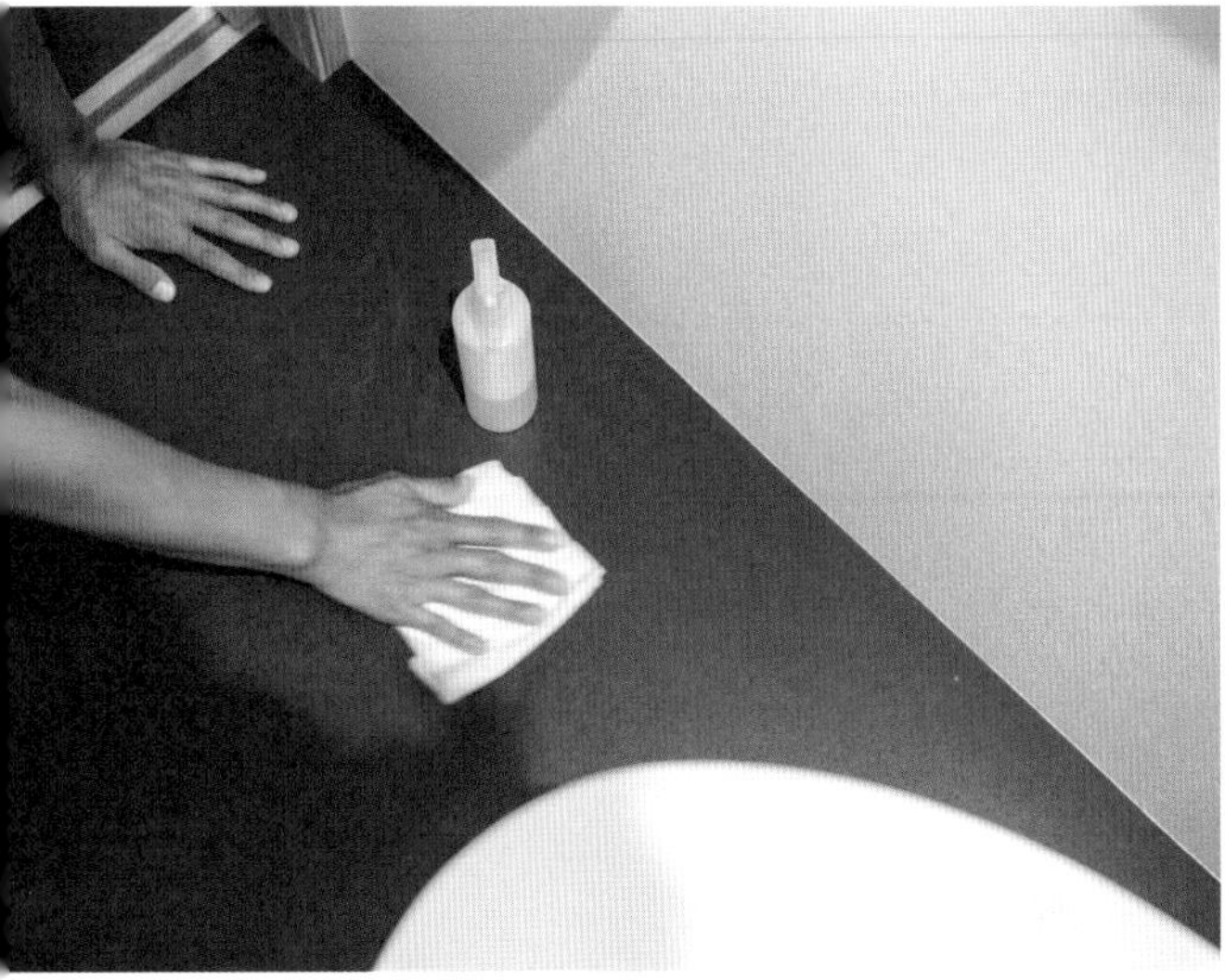

清潔感で

床は、天然由来で抗菌作用があるリノリウムという建材を使用。1日1回はアルコールスプレーで拭き掃除します

ガミガミ母ちゃんになる前に

ワンオペが多い平日は余裕がありません。
だからこそ、子どもの世話の負担を
少しでも小さくしたいと思っています。
そのカギを握っているのは
収納の工夫にありました。

4章

家族が家事に
参加しやすい工夫

家族が片づけやすく、取り出しやすい収納の3つのポイント

収納は「見える化」「まとめる」「手間なし」が肝

「家族が片づけにくい収納」は、知らず知らずのうちに〝負〟を生み出しています。「片づけて」という回数が多かったり、家族から「あれどこ?」と何回も聞かれるのは、「今の収納が家族にはわかりにくい」というサイン。自戒を込めて思うのですが、自分は簡単だけど、家族にはちょっと難しいという収納は、収納が得意な人ほど陥りやすい失敗です。

　解決策はただひとつ、徹底して家族にわかりやすい収納にすること。使う人が

1 見える化

見える化の代表がラベリング。子どもはまだ文字が読めないので、写真やイラストをラベルにしています。片づけるときも、写真を目印にして元に戻すので、中身がごちゃごちゃになりません

【「タオル」でまとめる】

【ラベリングで見える化】

よく通る、そして見える場所に、ワンアクションで出し入れできる収納をつくります。「ココだよ、ココに置いて」と収納場所が呼びかけているような収納です。

　それでも元に戻せない場合は、夫の場合なら、本人に理由を聞いてみます。すると「そうか、そこでつまずいていたのか〜!」と予想外の理由が判明。仕事にするほど収納好きな私と、そうではない夫とでは、わかりやすさの基準がまるで違うのです。

　そういうときは、夫の基準を引き上げようとするのではなく、相手に寄り添うことが大事。自分が思っていることを言葉で表現できない子どもの場合はなおさらです。そして、家族に寄り沿う収納は、結局は、自分のラクとココロの平安につながるのです。

2 同類はまとめる

似たような用途のものは1カ所にまとめて収納。たとえば衣類用洗剤も体を洗うソープも、「洗う」という“くくり”で同じ場所にストック。また「タオル」というくくりで、タオルの予備、古タオル、保育園用を同じ場所に入れています

【「洗う」でまとめる】

3 アクション数を少なく

通り道や使う場所の近くに収納があれば、片づけるのも、取り出すのも最小のアクション数ですみます。わが家では、夫の通勤かばんは下駄箱に引っかけ収納。玄関を入って1歩で片づけられます

【玄関を入ってすぐの位置に】

子どもをその気にさせる仕掛けづくり

「片づけられる子ども」になって欲しいなら、子どもが「片づけるといいことがある」と思えるようにすることが大切。「片づけなさい」だと〝やらされている感〟があるので、私は「片づけよう」と声がけして、一緒にやるようにしています。ときには運動会の玉入れ競争のように、ブロックを木箱にポイポイ放り込んだり。「ヨ〜イ、ドン!」で誰がたくさん入れられるかを競います。

音楽も効果的。保育園の片づけタイムのときにみんなで歌う「おかたづけ」の歌をスマホで検索して流すと、保育園で習慣になっているせいもあり、音楽が合図になって、子どもが片づけ始めます。

子どもを「片づけよう」という気持ちにさせるには、おもちゃの入れ物も大事。

次のおもちゃを出す前に

今遊んでいるおもちゃを片づけてから次のおもちゃを出すのがルール。場面が変わるときが片づけのタイミングです投げ込みでもポイポイ入れられるように間口が広く、自立するものを選んでいます。また間口が広くても、深過ぎるとおもちゃが迷子になり、ひとつのものを探すために全部をひっくり返すことに。入れるおもちゃのサイズや数に合った入れ物が片づけやすいので、子どもも片づける意欲がわくようです。

片づけのタイミングはブロックからフィギュアになど遊ぶおもちゃを変えるとき、テレビを観たり、公園に遊びに行く前など場面が変わるとき。今使っていたものを片づけてから次のことをするというのは、おもちゃの片づけに限らず、大人になっても大事な生活習慣。子どものうちに自然に身についたらいいなと思っています。そして片づけると気持ちがいいことや次のことがスムーズにできるということを体験的に覚えて欲しいなと思います。

出し入れが簡単

中に入っているおもちゃの写真をケースに貼って目印に。ケースにポイポイ入れるだけだから簡単。3歳の二男でも、元の場所に戻せます

一軍

一軍のおもちゃはこのシェルフとキャスターつきの木箱に。多すぎないことが、片づけやすさにつながります

二軍

二軍のおもちゃは、子どもが遊ぶ和室に面したクロゼットの中。遊びたくなったら、子どもが自分で出せるようキャスターつきの台に乗せています。床の掃除機がけをするとき、動かすのがラク

おもちゃ

おもちゃは一軍と二軍に分け、どちらも子どもが自分で取れる位置に

毎日にように遊ぶおもちゃは一軍、それ以外は二軍に分けています。ふだんは一軍のおもちゃだけを出して遊ぶので、散らかり具合が限定されます。一軍はすぐ取れるように和室に出しっぱなしにして、二軍は直接、視線には入らないけれど、子どもが自分で取れる場所に置いています。奥の方にしまい込むと、存在が忘れられるし、子どもがたまに思い出して遊ぼうとしても「母ちゃん、取って〜」となるからです。

出しっぱなしではないけど、取れる場所に置いてあるおもちゃはときどき復活。久しぶりに再会したのがうれしいのか、子どもは目を輝かせて遊び、二軍から一軍に返り咲くおもちゃも出てきます。

子どもが自分で着替えられる収納

子どもが自分で服を取って着替えられるようにするには、「取りやすい場所」に置くことが決め手。名前のシールや顔写真を目印にするのは、あくまでも二次的なサポートで、置き場所が肝心です。子どもがパッと見てわかる位置に、ワンアクションで取れるように置きます。

わが家では、オープンクロゼットの手前が子ども服の収納場所。手を伸ばすだけで中のものが取れるワゴンと低い位置にかけたハンガーを使用しています。

最初のうちは「○○を取って来てくれる?」を繰り返して、子どもが〝ミッション感〟を持つように演出。今では3歳の二男も取って来るだけではなく、ズボンを自分で履き替えられるようになりました。

上着はハンガー収納

Tシャツをかけているハンガーは、3歳の二男がラクに届く高さのバーにかけています

ワゴンなら引き出せる

ズボンはキャスターつきのワゴンに。手前に引き出せることも取りやすさのポイント

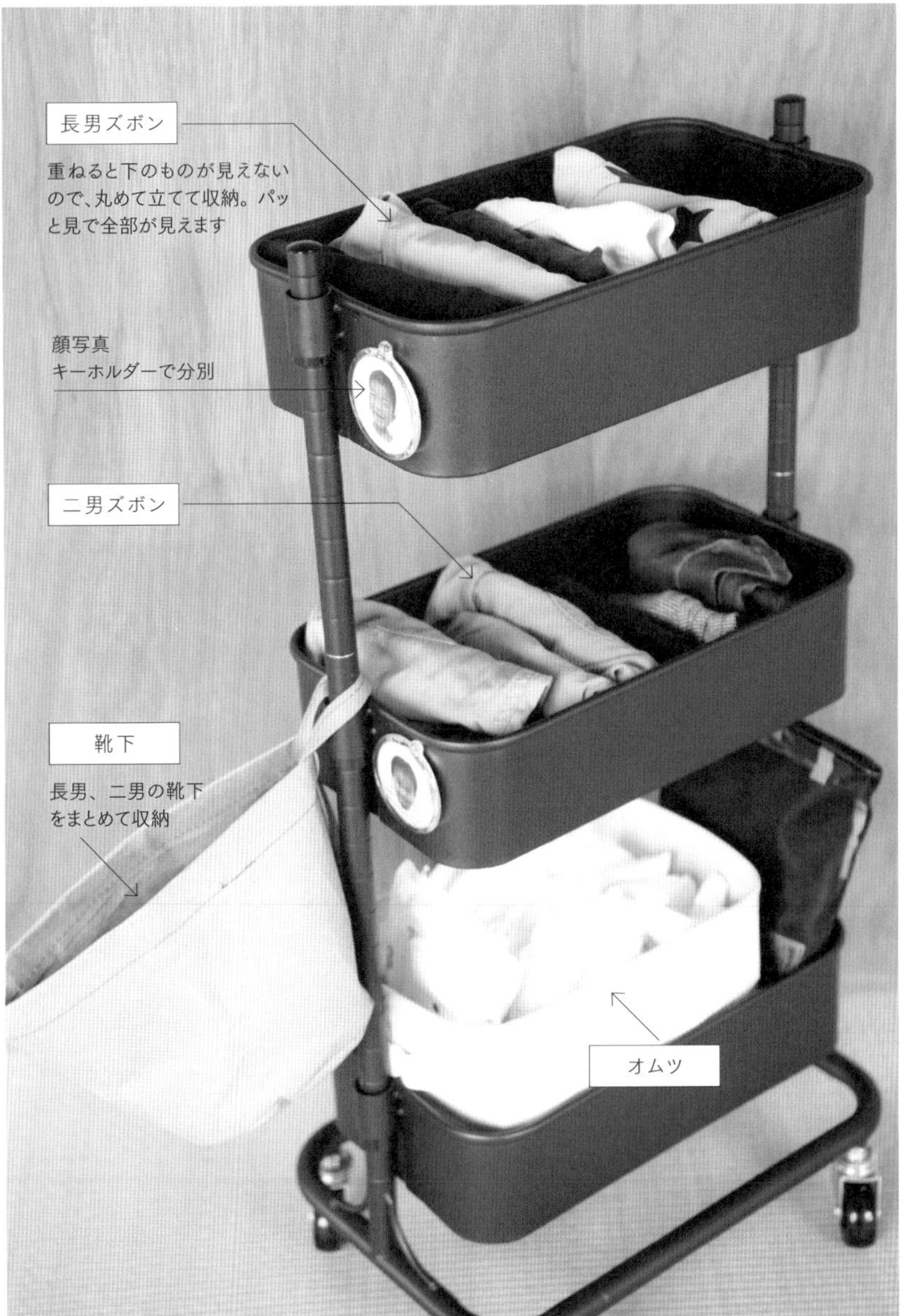
長男ズボン
重ねると下のものが見えないので、丸めて立てて収納。パッと見で全部が見えます
顔写真
キーホルダーで分別
二男ズボン
靴下
長男、二男の靴下をまとめて収納
オムツ

食べこぼしにイライラしない工夫

当然ですが、子どもは100％食べこぼすもの。だからこそ、被害を最小限に抑える手を打つことが最善のイライラ対策になります。

以前はテーブルの下に透明のビニールシートを敷いていましたが、子どもが成長したこともあり、防御範囲を小さくしてアルミトレーに変更。牛乳やみそ汁などの液体をこぼされると「トレーがあってよかった」と心底思います。どんな食べこぼしの被害も、ほぼトレーの内側だけですみます。

また、テーブル用と手口拭き用のウエットティッシュをイスに吊るしておけば、サッと取ってすぐ拭けます。ウエットティッシュだけだと、1回の食事でものすごい量を使うことになるので、ぬらしたミニタオルをメインにしてサブ的に使っています。

3歳と5歳の食事は毎回、こんな感じ。二男はこぼし放題、長男はだいぶこぼさず食べられるようになりました

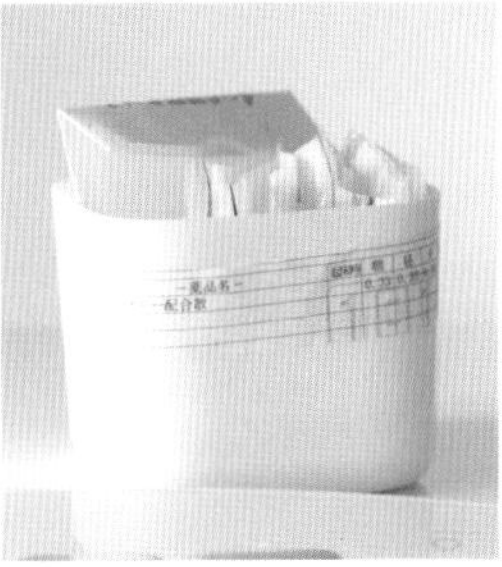

飲み忘れなしの子どもの薬の管理

仕切りつきのケースに入れ、薬の飲み方が書かれた紙を貼っておきます。必ず目につく場所に置いて飲み忘れを防止！ 毎日飲むものは中身だけを入れて、毎回袋から出す手間を省略。かさばらずに収納できるメリットも

ウエットティッシュ

食事中の子どもの手や口のまわりを拭くためのノンアルコールティッシュと、テーブルを拭くアルコールティッシュを、すぐ使えるようにイスに吊るしています

アルミトレー

トレーのおかげで汁ものをこぼしても、被害を最小限に抑えられ、トレーごと運んで、下げればいいのでラク。保育園と同じようにミニタオルを用意

夫を家事参加させるコミュニケーション力

夫にやって欲しいことを伝えるときは、やることだけではなく、それをしてくれることで、その日1日、私がどのように助かるかを説明します。自分がやることの「お助け度」を理解することで、家事への「関わり意識」を持って欲しいと思うからです。

たとえば、夫が最後にお風呂に入ったときは、浴槽を洗うことが夫の家事分担。分担する際には「保育園から帰ったらすぐお風呂だから、洗ってないと、あとのことがどんどん遅くなる。浴槽を洗っておいてくれると、帰宅後にすぐに入れて、そのあとにやることのスムーズ度合いが違ってくる」と説明しました。

夫がする家事のひとつも、家事全体をまわす歯車として立派に役目を果たして、そのひとつが欠けたら、歯車がうまくかみ合わなくなることを、夫にわかってもらいたいと思っています。そのためには日ごろのコミュニケーションが大事。LINEやメモなどでまめにやりとりして、家事情報を共有しています。その成果か、夫の家事参加意識が以前より高まったように思えます。

夫を家事参加させるコツ

□ 自分の苦手分野（家電を購入する際の情報収集など）を丸投げする
□ これをしてくれることで、どのように助かるかを説明する
□ 夫の苦情（「道具の置き場所が悪い」など）に耳を傾ける

メモを残して伝える

子どもの朝食は、夫が出勤前に用意するのがわが家の決まりごと。夫が朝早く出勤するときは、私に伝えたいことをメモで残してくれます

LINEでやりとりする

帰りに買い物を頼むときはLINEで。急ぎの用件のやりとりは、LINEが早くて確実です。記録が残るので、「言った、言わない」のもめ事も避けられます

使う場所の近くに道具をスタンバイ

収納で優先すべきことは、たくさんしまうことでも、見た目よく収めることでもなく、使うときに便利なこと。ものは使うためにあるわけですから、すぐ手に取れて使えることが大事。そうでないと、だんだんと使われなくなり、ものとしての役割を果たさなくなります。

すぐ使えるためには、使う場所の近くにあることが重要な要素。収納場所を決めるときは、「どこで使うか」という視点で考えると、答えが自ずと導き出されるもの。私は、そのものをよく使う場所から「3歩以内」を基準に収納場所を決めています。

ゴミ袋の替え

ゴミ袋を交換するのは、たまったゴミを捨てるとき。ならば、替えのゴミ袋はゴミ箱の底に置けば、ゴミを捨てるときに1歩も移動しないで取れます

コードレス掃除機

コードレス掃除機が一番活躍するのは、子どもの食べこぼしを掃除するとき。なのでダイニングテーブル近くで待機。充電器もセットすれば、いつでも出動できます

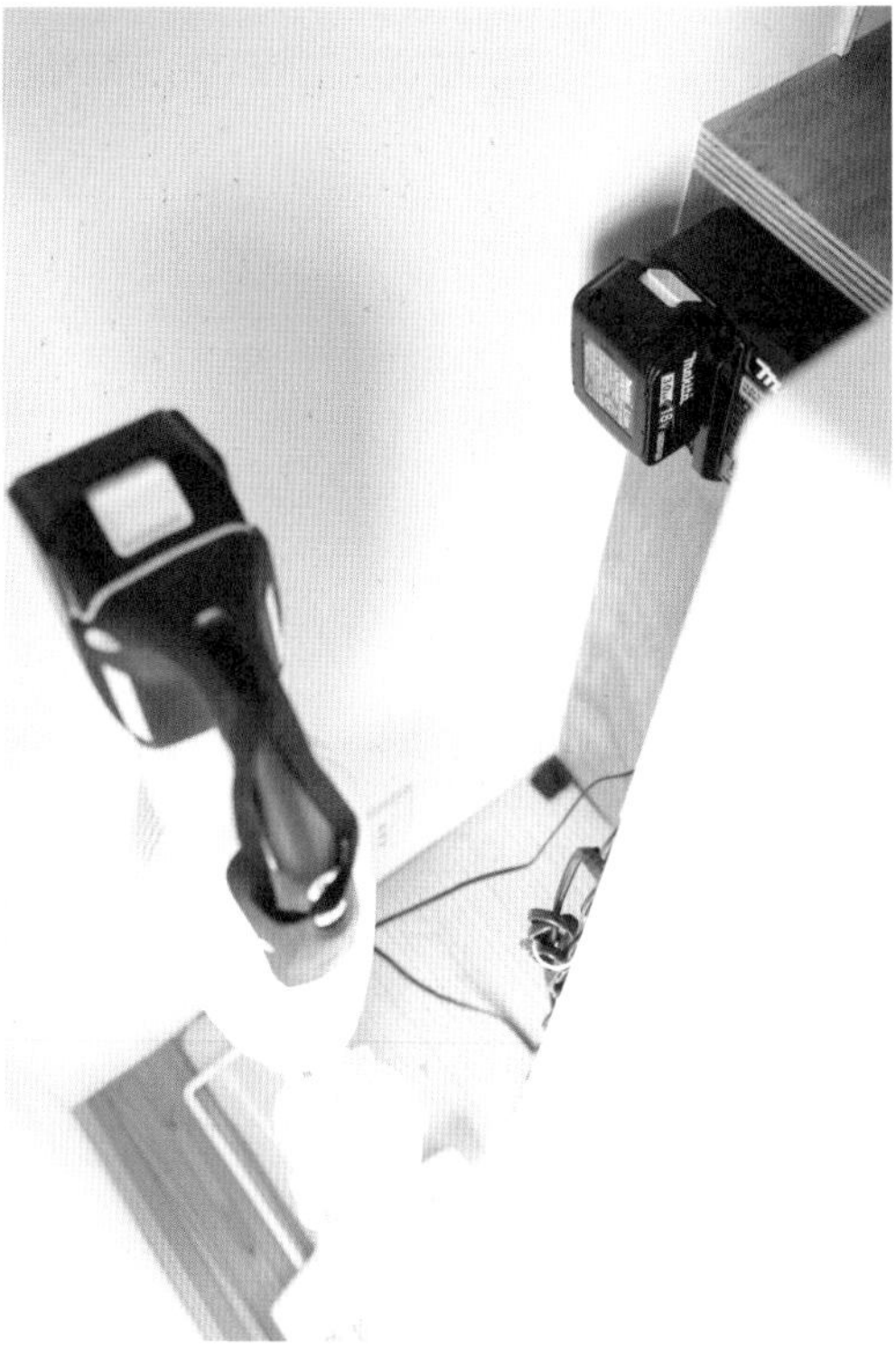

コーヒーフィルター

コーヒーフィルターはコーヒーメーカーの直近に。出しておけばワンアクションで取れるから、面倒くさがりの夫でもやる気に。毎日のように使うのでホコリもつきません

5章

いつも機嫌のいい自分でいるために

追われても気にしない“鈍感力”

育児と家事と仕事、毎日やることがいっぱいあり、
どんどん片づけないとたまっていきます。
時間に追われることが一番のストレス。
追われないようにする家事の工夫、
追われても気にしない鈍感力を向上させたい。

自分の機嫌の取り方と向き合ってみる

長男だけのときは、なんとか暮らしをまわせていましたが、2歳違いで二男が生まれてからはお手上げ状態。育児と家事と仕事のマルチタスクはメンタルにこたえました。気持ちのアップダウンが激しくなり、ダウンのときの機嫌の悪さといったら、自分でもうんざり。そんな負の流れを少しでもいい方向に変えたいと思い、「こんなにイライラするのはなぜ?」と機嫌が悪くなる原因を考えてみました。

原因はわかっても、対処法が難しい。夫に当たったり、頼ったりでその場をやり過ごしていましたが、それでは同じことの繰り返しに。気持ちがザワついたとき、どうしたら鎮めることができるか、そしていつも穏やかな気持ちでいられるか、日ごろから自分をメンテナンスする方法を考えるようになりました。今はまだ自分の機嫌の取り方を模索中ですが、少しずついい流れになっているように思います。

機嫌が悪くなったときの対処法

1 「私ばっかり…」と思ったら

平日は、家事も育児もひとりで切りまわすことの不公平感が募ったときは、夫にわかってもらえるように言葉で伝えて話し合います

2 「自分の時間がない〜!」と思ったら

夫が休みの日に子どもたちを外に連れ出してもらい、その間に家事に没頭したり、自分の好きなことをします

3 「子どもが言うことを聞かない!」と思ったら

私がイライラすると、ますます言うことを聞かなくなります。夫が帰宅したらバトンタッチしてふて寝します(笑)

4 「生理前の不調」を感じたら

婦人科を受診して、PMS(月経前症候群)の症状を相談。処方された漢方薬を飲んでいます。生理前は頑張らないように

ときには「寄り道」を自分に許してみる

保育園のお迎えのために家のドアを閉めた途端、チッチッチッと頭の中でストップウォッチが作動。時間との戦いの始まりです。自転車で猛ダッシュで園に向かい、先生にさようならをしたあとも、なかなか帰ろうとしない2人に「早く〜、行くよ〜」。一刻も早く帰って、お風呂に入れて、ご飯を食べさせて……。「子どもを早く寝かせる」というゴールに向かってまっしぐらです。

それが、少し早めにお迎えに行けた日のこと。いつもなら無視する子どもの「寄り道した〜い」コールに、「明日は土曜日だし、まっ、いいか」と近くの小川に寄り道してみました。子どもたちはうれしそうに遊び、短い時間でも満足したのか、「帰ろう」にもすんなり。私も「こんなキレイな夕焼けを見たのは、いつぶりだろう?」と気持ちがのびやかに。家に帰ってからも、子どもたちは機嫌がよく、私もやさしい気持ちになれました。

時間に追われる毎日だと、「寄り道をする余裕なんてない!」と思いがちですが、たまには寄り道もいい。速足で脇目もふらずに歩いているときとは、違った風景を見ることができたりするものです。

【著者撮影】　帰宅後にすることで頭がいっぱいで、いつも「早く帰らなくちゃ」とせかせか。帰り道の途中にある川に寄り道したら、子どもとの思わぬご褒美の時間が過ごせました

畳の目をじっと見つめながら掃除機をかけていると、雑念がスーッと消えて無心になれます

ココロが乱れたときこそ淡々と家事をする

コロナ禍の影響は暮らしのさまざまな場面にあらわれ、それは当然、ココロにも及びました。終息が見えず、仕事のことやこの先の生活のことを考えると、漠然とした不安を感じたりもしました。

そんな日々の中で実感したのが、家事をすることがココロに与える作用です。大半の家事は、同じ場所で、同じ道具を使って、同じようにやるルーティン作業。コロナ禍での生活という、いまだかつて誰も経験したことのない「非日常」において、いつもの家事を淡々とこなすことで、「変わらない日常」を確認し、ココロの支えになったのだと思います。

たとえば、和室に掃除機をかけるとき、畳みの目に沿って、掃除機をスーッ、スーッと動かしていると、なぜかココロもスーッと落ち着いてくるのを感じます。同じリズムで手を動かしていると、次第に頭の中が空っぽに。昨夜、夫に腹を立てたこと、今朝、子どもが言うことを聞かなかったこと、そんなココロのザワザワが鎮まっていきます。家事には、そんな一種のセラピー効果があるような気がします。そしてひとつの家事が終わったときには、ココロは晴れやか、さらに家の中もスッキリ片づいているというわけです。家事の力って、スゴイ!と改めて思う瞬間です。

ココロがザワザワしたら思い出す、読む、観るもの

Better late than never.

（遅くてもやらないよりはまし）／ことわざ

「今さらやっても」と言い訳してやらないと、やったからこそわかる景色を見ることはありません。それは何より残念なことなので、この言葉、この精神を大事にしたいと思っています

The true secret of happiness lies in taking a genuine interest in all the details of daily life.

（本当の幸せとは、日常生活のこまやかなひとつひとつに、真剣に興味を持つことだ）

／ William Morris

宇宙の不思議や歴史の深奥といった壮大なテーマにはまったく興味が持てない私が思いを巡らせるのは、暮らしのディティールについて。そのことに後ろめたいような、虚しいような気持ちになることもありましたが、この言葉に触れて、「これでいいんだ」と自信が持てました

元気があれば何でもできる

／アントニオ猪木

心身が健康で、元気でいることを最優先させたいと思っています。短く、的確に真実を言っているこの一文が好き

落ち込んでも底がある。底までいけばあとは上がるだけ

／大学時代ゼミの教授の言葉

どうしようもなく辛いときは、この言葉を心の引出しから出して、背中を押してもらい、また引き出しにしよう。そんな言葉です

Books

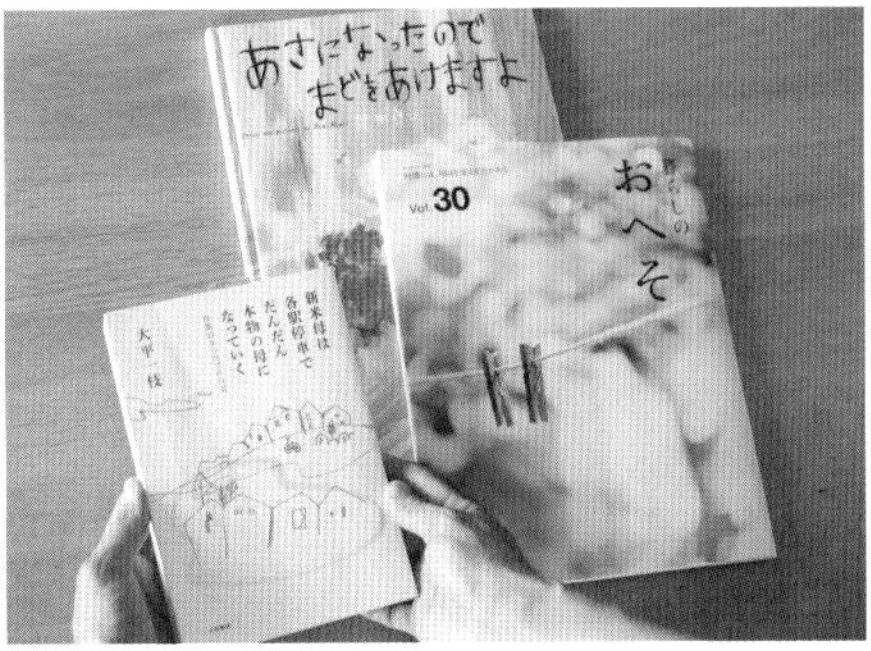

『新米母は各駅停車で だんだん本物の母になっていく』

大平一枝著（大和書房）

折に触れページをめくっては、高確率でじーんと涙があふれ温かい気持ちに。子どもと一緒に生活できる時間って、なんと愛おしく尊いものなのだろうと思わせてくれる一冊

『あさになったのでまどをあけますよ』

荒井良二著（偕成社）

朝になったら窓を開けて外の景色を眺める……そんな当たり前のワンシーンこそが、幸せなんだなぁと思わせてくれて、読み聞かせながら親が癒されます

『暮らしのおへそ』

（主婦と生活社）

その人の“根っこ”をつくる習慣を“おへそ”と表現して、毎号さまざまな人のおへそを紹介。全巻所有しているので、折に触れてバックナンバーをめくっては「なるほど」と気づきをもらいます

Movies

アメリカTVドラマ

『Sex and the City』

原作：キャンディス・ブシュネル
監督・脚本：マイケル・パトリック・キング
制作：HBO　1998 ～ 2004 年

仕事、恋愛、ファッションに一生懸命な30代、独身女性4人の日々をコミカルに描いたドラマ。最も好きなエピソードはシーズン6の「幸せはつかむもの」。映画版の「2」も大好きで、何度も観ています。4人のうち母になった2人の本音満載のママトークがたまらず、このシーンだけ観たくて見直すことも

『めがね』

監督・脚本：荻上直子
配給会社：日活　2007 年

島のゆったりした時間の中で、「たそがれること」に抵抗を感じていた主人公・タエコが、次第にそんな時間の豊かさに気づき、新しい自分を発見していく様子が清々しい。淡々と続くシーンを観ているだけで心のモヤモヤが晴れていくような、私にとってセラピーのような映画

家の中に自分の〝くつろぎ空間〟をつくる

家は、家族がくつろぐだけではなく、私にとっても「憩いの場」にしたいと思っています。というのは、家族が気持ちよく過ごせるように、こうして毎日、家を整えているのは私なのですから……。また一概には言えませんが、家族の中でお母さんが、家にいる時間が一番長いケースも多いように思います。ならば、お母さんこそキッチンの隅っこなんかではなく、自分がくつろげる場所を家の中につくってもいいと思うのです。

今の家に引っ越してからソファを買い替えました。3シーターのゆったりサイズで、子どもたちが寝たあとの私のくつろぎスポットに。ラクな姿勢で身をゆだね、本を読んだり、録画した番組を観たり。

床に置いた照明は、照明マニアの友人のレコメンド。愛らしい形と柔らかな明かりに、見ているだけでココロが癒されます。ソファ横のスタンドもお気に入りで、読書の手元を照らしてくれます。友人いわく「照明は人の居場所をつくる」とか。座り心地のいいソファと癒される明かり、そして私の暮らしにはマストアイテムのグリーンを横に置いて、家の中に地球上のどんな場所よりもくつろげる空間をつくりました。

床に置いた照明（GLO-BALL BASIC1/FLOS）と3シーターのソファ（HOLLY WOOD BUDDY FURNITURE）のあるこの空間が、私の今一番の癒しの空間です

気分を上げてくれるものを持つ

私はものが好きです。家事や育児を助けてくれるもの、斜めになった私の機嫌に寄り添ってくれるもの……そんな愛着のあるものたちを紹介します。

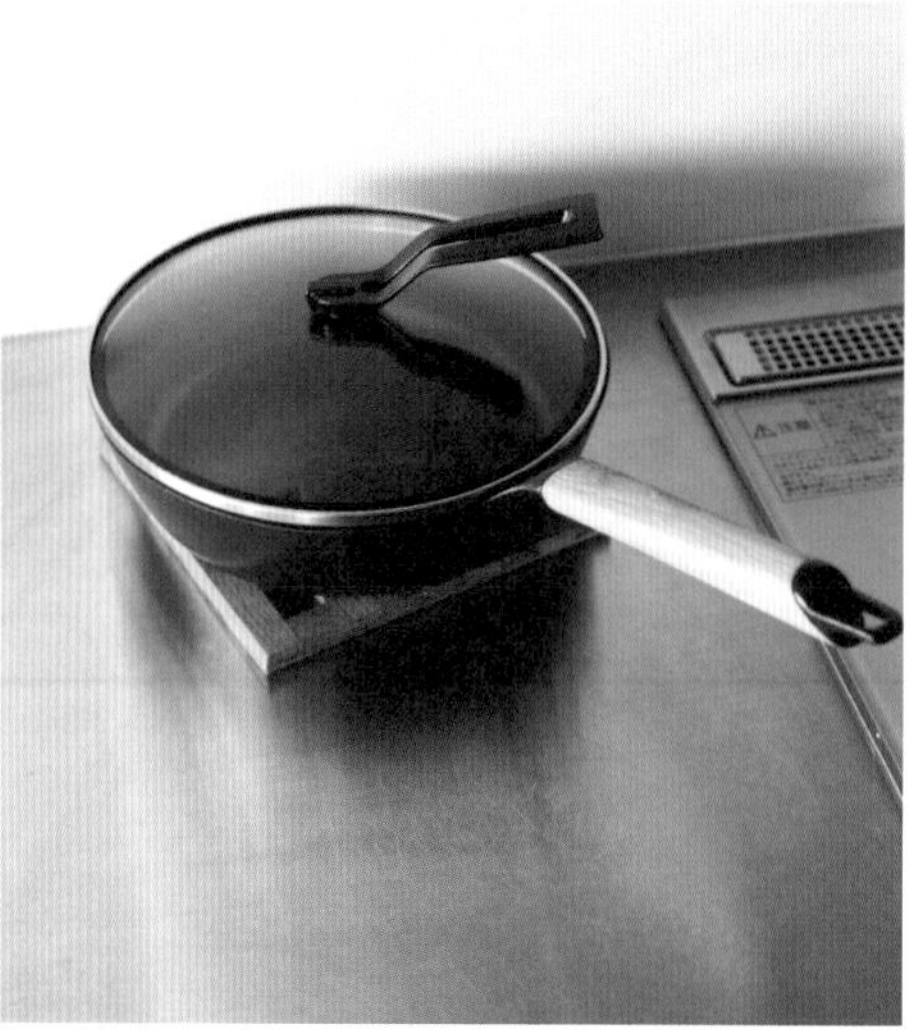

バーミキュラのフライパン

夫がなぜかコロナの自粛期間中にネットで衝動買いしたもの。直径24㎝、深型。オーク材の持ち手を握るとホッとします。フタを立てて置けるのが便利

OLIVER PEOPLESのめがね

家ではずっと安いめがねをかけていましたが、家にいる時間こそ快適にしたいと数年前に購入。鏡に映るノーメイクでイケてない顔が、めがねの力で少しはステキに見えたらと

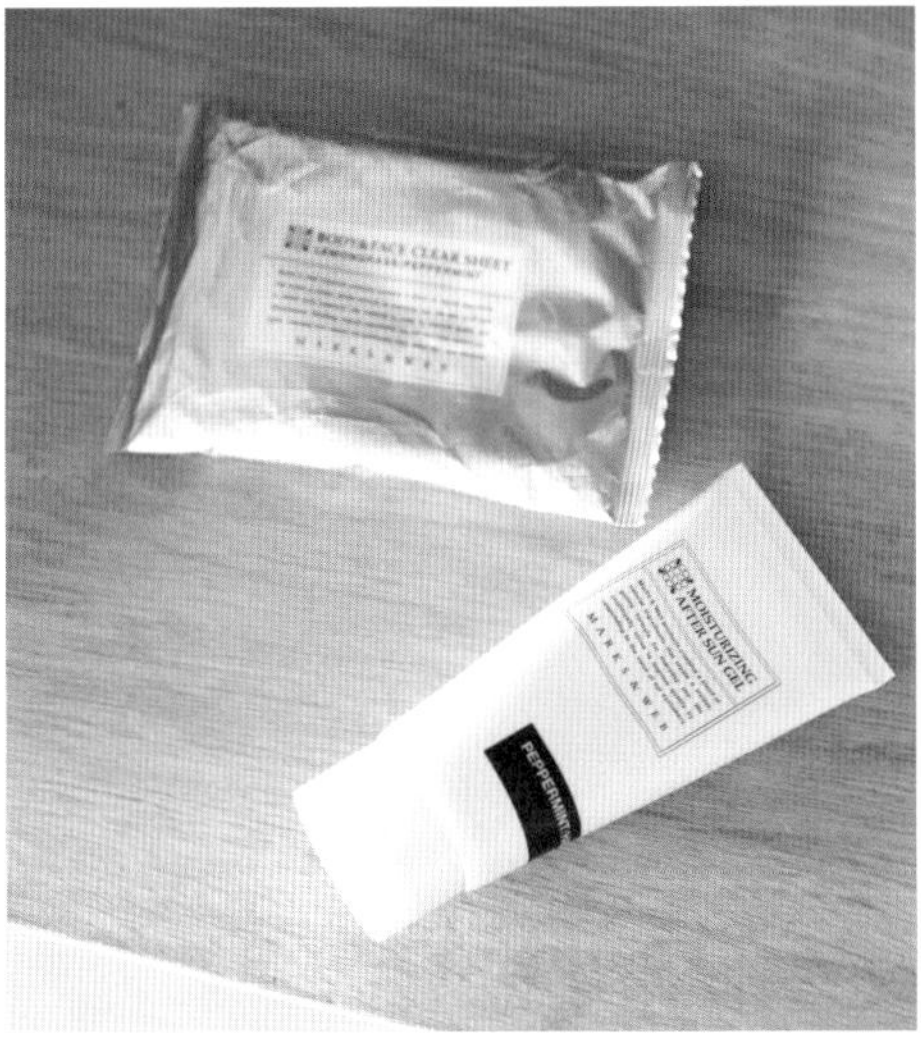

ミントの香りがするもの

「MARKS&WEB」の汗拭きシートとボディ用保湿ジェル。汗をかいたときに手軽にさっぱりします。去年の夏、試したミント系アイテムのお気に入りで今夏もリピ買いするかも

FUCHISOで買ったトン族の頭巾を額装したもの

4～5年前に衝動買いした人生初のいわゆるアート。直感的に「素敵」「好き」と感じました。5年経っても好きな気持ちは色褪せず、ますます好きになっています

柏木千繪さんの絵付け器

主張しないけれど使いやすいデザインの器はどれも惚れ惚れします。水差しは花瓶にも。中でも絵付けのものはちょっと特別感があり、目も喜びます

開化堂の茶筒

6～7年前に取材させていただいたときに購入したブリキ製の茶筒。ピカピカだったのが、経年変化によるオンリーワンな表情に。現在はコーヒー豆の保存容器として使っています

〃自分メンテナンス〃を大切にする

二男の出産後、「いったい、私、どうしたの!?」と思うくらい体調を崩しがちでした。40度の高熱を出したかと思うと、ひどい肌荒れに悩まされたり。長男の産後はこんなではなかったのですが、やはり加齢による体力の衰えには抗えません。また2歳と0歳の育児に手いっぱいで、自分のことがおざなりになっていたことも原因だと思います。

6年前に加圧トレーニングと、下半身を温める健康法の「冷え取り」に出会い、長男の出産直前までは続けていたのですが、その後中断。が、体の不調が続き、再開しました。それから約2年。加圧トレーニングも冷え取りも血流をよくする働きがあり、それが私の体調不良には効果てきめんで、ボロボロだった体がみるみる好転。今では、このふたつなしに、私の健やかな暮らしはあり得ないと思っています。

トレーニングをやっている間は、完全に自分のためだけの時間になるので、それがココロのメンテナンスにもつながっています。育児、家事、仕事に追われて、自分のことは二の次、三の次になってしまいがちですが、意識的に自分をメンテナンスして、身心の充電をするようにしています。

加圧トレーニング

週1回、体力と筋力をつける目的で加圧トレーニングのジムに通っています。子犬のように一時もじっとしていない息子たちを追いかけまわせるのも、このおかげかも

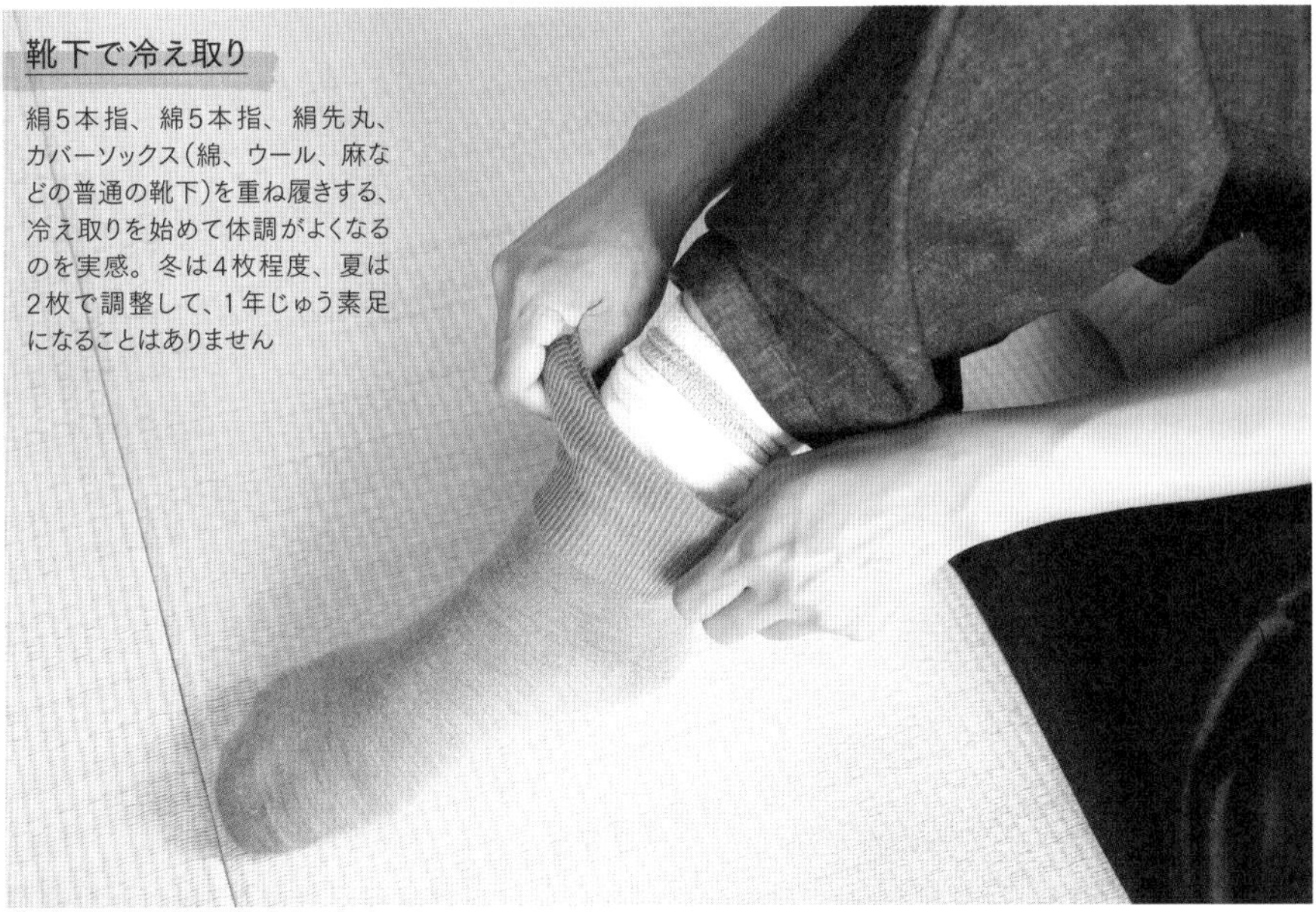

靴下で冷え取り

絹5本指、綿5本指、絹先丸、カバーソックス（綿、ウール、麻などの普通の靴下）を重ね履きする、冷え取りを始めて体調がよくなるのを実感。冬は4枚程度、夏は2枚で調整して、1年じゅう素足になることはありません

スリッパで冷え取り

靴下を履くだけではなく、スリッパも温かいウールフェルトのもの（FORSLAG DESIGN）を愛用

何も生産しない無駄な時間を楽しむ

いつのころからか、たぶん、子どもが生まれてからだと思いますが、「時間を効率的に使う」ことを常に意識するようになりました。子どもが家にいるときは効率的どころかバタバタなので、子どもが保育園に行っている時間に、いかに多くの家事と仕事をこなして成果を生み出すか……それが毎日の課題になっています。

家事や仕事が効率的にスイスイ進むのは、確かに達成感があることですが、常に時間に追われている感は否めません。動きを止めると、誰かさんに「ボーッとしてんじゃねーよ」と叱られそうで(笑)。これでは、やっぱり疲れます。メンタルがもちません。

そこで、あえて「何も生産しない時間」というのを持つことにしました。たとえば金曜の夜に「さあ、これから無駄な時間の始まりだ！」と意識して、ただ時間が過ぎていくだけのグダグダ、ゆるゆるの時間。ママ友とLINEで他愛のないやりとりをする、ビールを飲みながらお笑い番組を観るなど。かすかな後ろめたさが、ちょっといい。こうやって自分を甘やかした翌日は、またせっせと生産性を上げることに励みます。

夜、子どもを寝かしつけたあと、ママ友と他愛ないLINEのやりとりをすることも。グチッているだけで、結論なんか出なくていいんです

夜のひとり時間に飲むビールは最高！　撮りためたTV番組を観ながら笑って泣いて、心の凝りをほぐします

「〝母ちゃん業〟、本日終了」と宣言する

〝母ちゃん業〟は過酷です。子どもと一緒にいるときは、一瞬たりとも気が抜けません。気を抜いたら、子どもが道路に急に飛び出したり、どこかから落ちたり、最悪の場合、命の危機もあるかもしれません。幼い子どもを持つ大半の母親は、子どもの突発的な行動に、心臓が止まりそうになった経験が1度や2度はあると思います。

子どもの命を預かっていると思うと1日じゅう、緊張の連続。母ちゃん業は1日24時間、1年365日営業。しかも、わが家の場合、店番のほとんどが私。こんなブラックな働き方って、ありますか?

だから、本当にヘトヘトになって、「今日はもう無理〜!」というとき、夫が家にいたら、丸投げしてもいいと思うのです。夫がいなくても、子どものことだけをしたら、夕飯の後片づけをほったらかしてもいいと思います。いえ、いいに決まっています。

〝母ちゃん業、本日は終了しました〟の札を下げて、シャッターをガラガラと閉めて、早々に店じまい。私は、生理前の体調不良とイライラが重なったときなどは、この手でなんとかやり過ごしています。

ホントにヘトヘトになったときは、家事放棄してもいい。「母ちゃん業、本日は終了しました」と母ちゃんの看板を下ろしてもいい

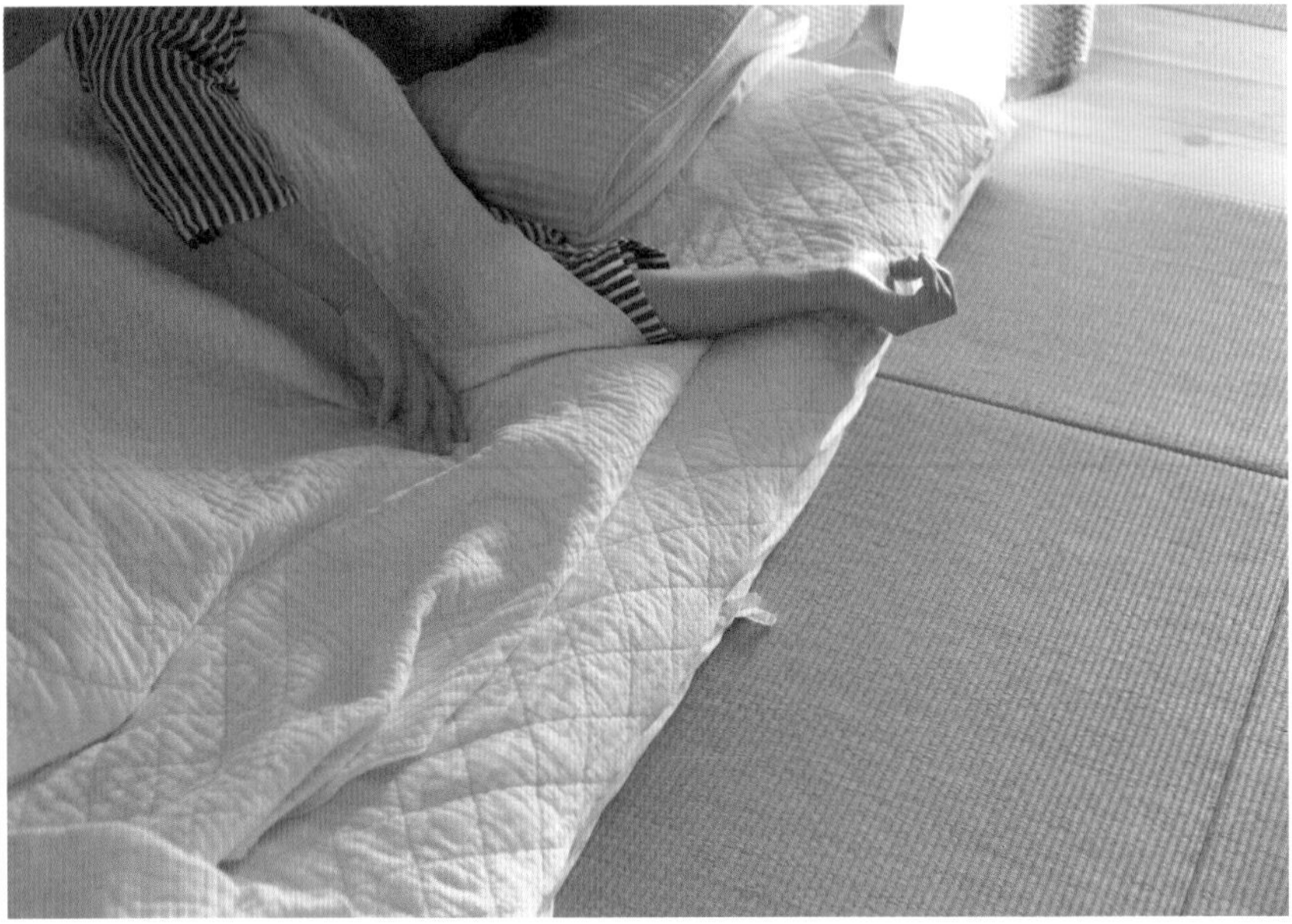

睡眠は健康の要。寝ることにこだわる

疲れた体とココロを回復させるには、しっかり睡眠をとることが何よりです。睡眠時間の長さも重要ですが、睡眠の質を向上させることも不可欠。それには良質な寝具がカギとなることに、私は30代になって気づきました。

きっかけは、旅行先の宿で寝た布団。体圧を分散させる構造になっている布団で、寝ると体がフワッと浮くような感覚。結婚以来、布団生活をしていたのですが、普段使っている布団とは異次元の寝心地のよさに夫婦で大感激。翌朝の目覚めのよさも格別でした。

布団次第で睡眠の質が全然違うことに気づき、自分たちに合う布団を探し求めて、約20万円かけて布団すべてを買い替えました。高額ですが、良質な寝具は良質な睡眠を生み出し、それは人生の幸福感につながると確信して投資しました。

今ではしっかり元がとれたと思っています。よりよい布団に買い替えようと思ったら1日でも早い方がいい。早ければ早いほど、この先の人生に残された睡眠回数のうち1回でも多く快眠を得られるからです。

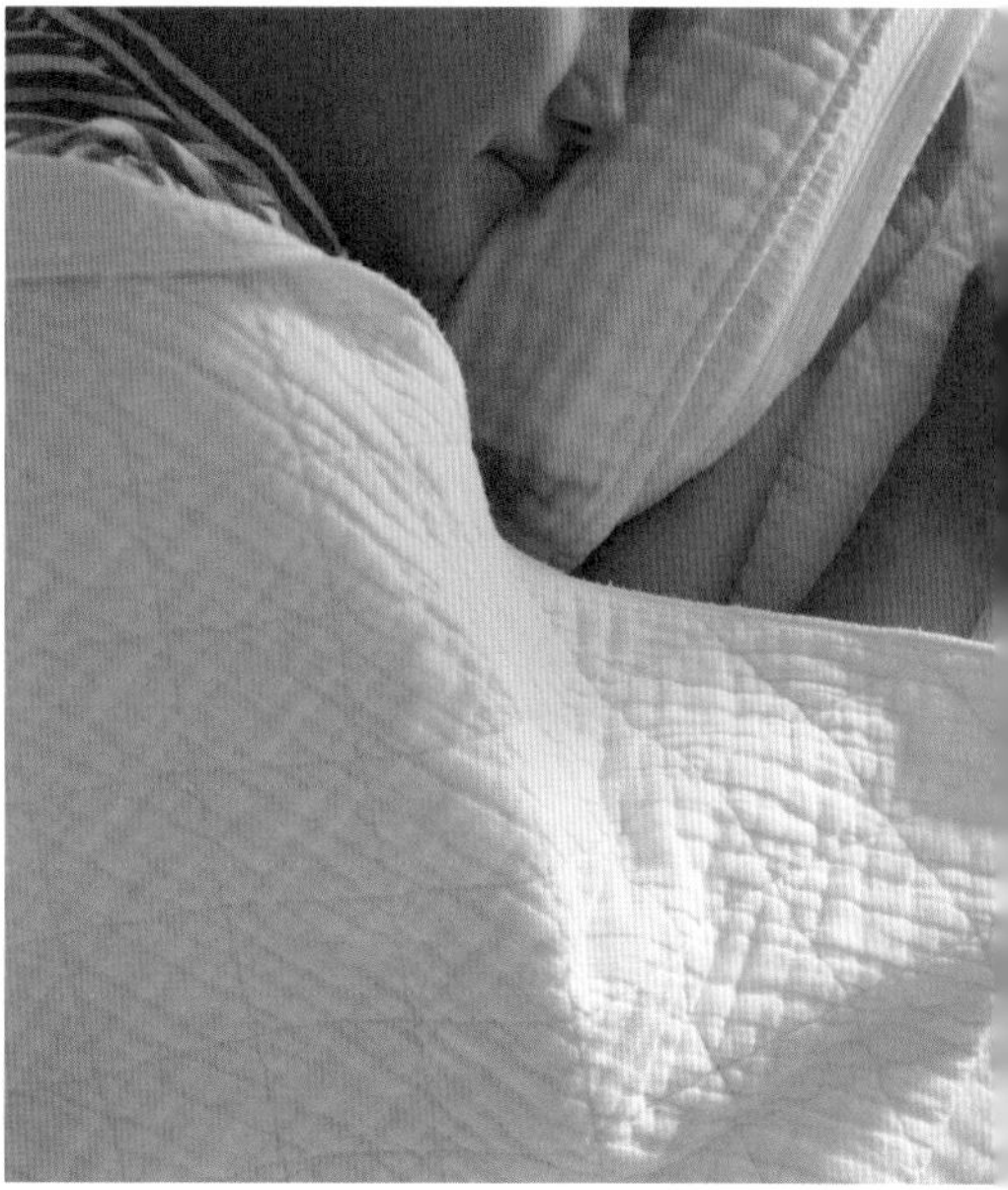

パジャマ

Tシャツにスエットでは味気ないので、パジャマも少しだけ気分が上がる好きなデザインのものを、肌触りがいいものを選んでいます。左は無印良品の「クルタ」シリーズ、右は北欧、暮らしの道具店のオリジナル製品

寝具

敷布団は「ムアツふとん」(昭和西川)と「整圧敷き布団」(東京西川)。シーツは綿のシーツの上に、脱脂綿由来の生地「パシーマ」のキルトケットを敷き、肌がけもパシーマ

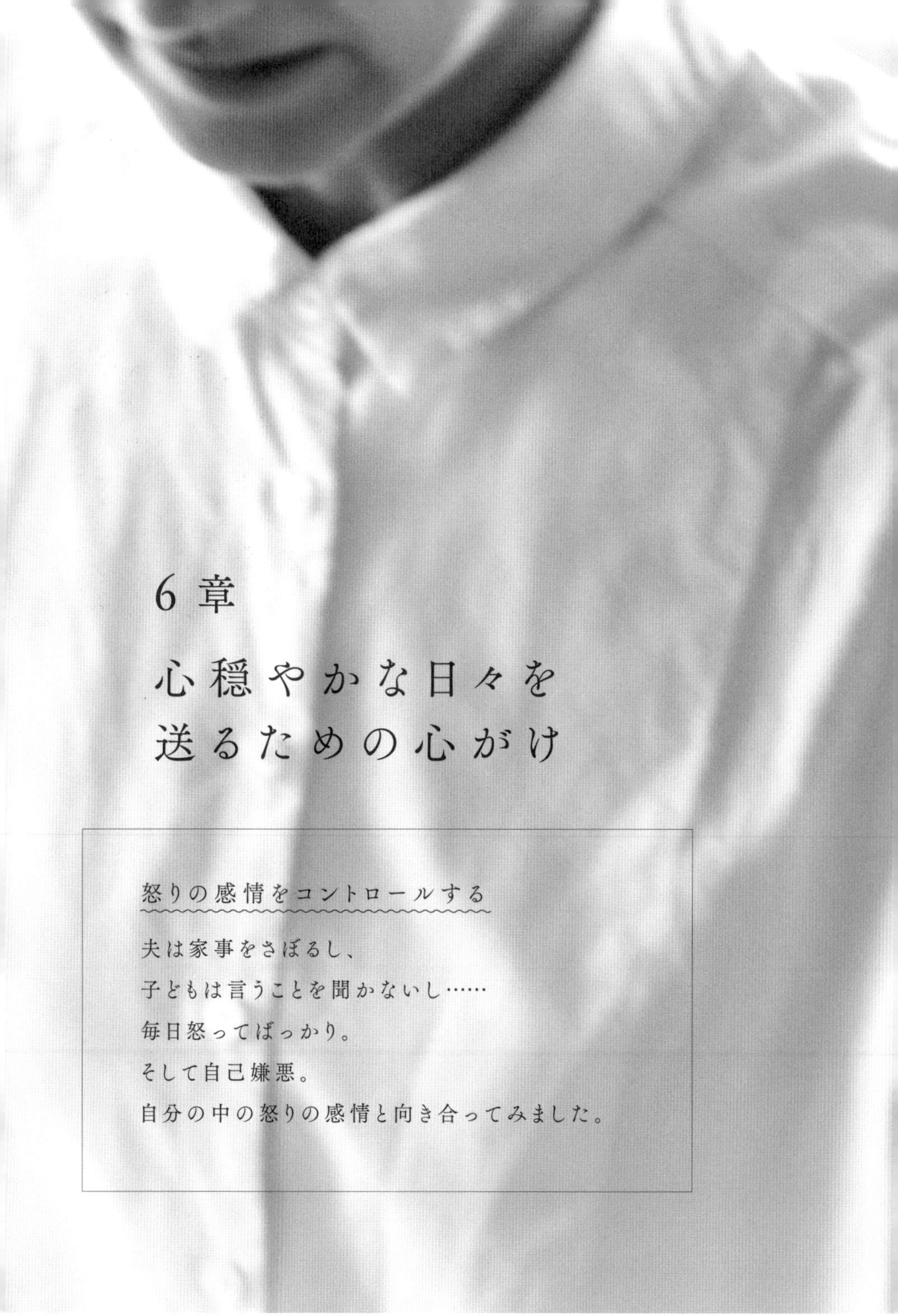

6章

心穏やかな日々を送るための心がけ

怒りの感情をコントロールする

夫は家事をさぼるし、
子どもは言うことを聞かないし……
毎日怒ってばっかり。
そして自己嫌悪。
自分の中の怒りの感情と向き合ってみました。

対談

忙しい毎日、イライラをコントロールする方法を知れば穏やかな気持ちで暮らせる

子どもが言うことを聞かなくてイラッ！
いつも帰りの遅い夫にムカッ！
毎日、怒ってばかりでは疲れます。
こみあげてくる怒りの感情をコントロールする方法と
怒っている自分が嫌になる自己嫌悪の対処法について
アンガーマネジメントの専門家にお話を伺いました。

日本アンガーマネジメント協会
アンガーマネジメントシニアファシリテーター
篠 真希さん

結婚後、7年間の海外での子育て経験を経て、アンガーマネジメントを学ぶ。日本で初めて「母親のためのアンガーマネジメント入門講座」を開催。著書に『子育てのイライラ・怒りにもう振り回されない本』（すばる舎）、『怒らず伸ばす育て方』（池田書店）などがある

理想と現実のギャップが怒りを生み出す

本多　子どもがなかなか保育園に行く準備をしないので、毎朝のように怒っています。そういうときは「なんで私ばっかりこんなに大変なの！」と夫にも怒りの矛先が向いたりして……。

　そもそも、人はどうして怒るのでしょうか？

篠　怒りの感情が発生する要因はいくつかあります。ひとつは、自分の期待や理想と現実との間にギャップがある場合。自分が考える、こうある「べき」やこうする「べき」と、現実に起きていることが相違すると、人はイラッ！と怒りを感じます。

本多　わかる気がします。私は、保育園に遅れないように、ササッと準備すべきだと思うし、仕事の都合で難しいことはわかっていても、「夫もこの大変さを分担すべき」という思いがどこかにあると思います。

篠　怒りの感情が発生すること自体は、ぜんぜん悪いことではないし、否定することでもありません。怒りは誰でも感じることです。

　問題はそのあらわし方。大きな声で怒鳴る、相手を傷つけるようなことを言う、ものに当たる、暴力をふるうなど相手を攻撃することで怒りをあらわすと、状況は悪化するだけです。

本多　子どもが生まれるまで、人に怒鳴ることとなんてなかったのに、今はしょっちゅう怒鳴ってます。

篠　「大きな声を出すと子どもが言うことを聞く」という経験が記憶となって繰り返されているのだと思います。最初は少し大きな声を出せば、言うことを聞いたのに、子どもも慣れてきて、もっと大きな声を出さないと言うことを聞かない。どんどんエスカレートして、声の大きさと怒りがマックスに達するのが早くなっていると思いますよ。

本多　そうなんです。怒りっぽいお母さんになってしまい、自分がイヤだな〜と思うことがあります。

篠　子どもは〝怒鳴られ慣れ〟するし、それに怒鳴って言うことを聞くのは幼児のうちだけで、成長するにつれて効果がなくなります。また子どもは親を見て育つので、怒りのあらわし方も、親を真似ることが多い。怒りを感じたとき、怒鳴るという行動に出やすくなります。

　怒鳴る効果が薄れていることを本多さんも感じているのに、怒鳴るのがクセになっていて、やめられないんですね。

カッ！となったら〝クールダウン〟でいったん落ち着く

本多　そんなクセ、イヤです。どうしたらいいですか?

篠　瞬間的に沸き起こった怒りの衝動をクールダウンさせる方法を覚えればいいんです。

　たとえば深呼吸。怒っているときは呼吸が浅くなるので、深呼吸するとリラックス効果があります。怒りを感じたら「落ち着く言葉を唱える」というのもひとつ。好きな言葉や、「大丈夫、大丈夫」「気楽に行こう」など。「6つ数える」というのもあります。ほかにも、赤ちゃんのときの写真を見る、歌を歌う、なんでもOKです。

　子どもに「何しているの?」と聞かれたら、「ママ、クールダウンしてるの」と答えます。子どもはそれを見て自然と学習するので、子どもも自分が怒りを感じたときに「クールダウンしよう」と思い出し、深呼吸したり、お気に入りの言葉を言ったり。母親が怒りそうになったときも「ママ、クールダウン、忘れてるよ」と言ったりするんですよ。

本多　怒りを爆発させても解決にはならないから、まずは鎮めるということですね。

篠　爆発的に怒ってもいいことはありませんね。そういうときは、言わなくてもいいことまでを言ってしまいがち。「だからあなたはダメなのよ」とか「ホントにあなたはバカね」など人格を否定するような怒り方は子どもを傷つけるだけです。

　たとえば「だらしがない」と怒られても、子どもには、自分のどういうところがだらしなくて怒られているのか、わかりません。

「遊んだおもちゃは元に戻しなさい」「帰ってきたら手を洗いなさい」など、

怒りの衝動を感じたときのクールダウン法

□ 深呼吸する
□ 背伸びやストレッチで筋肉をほぐす
□ 好きな言葉や「大丈夫」「気にしない」「気楽に行こう!」などリラックスする言葉を言う
□ 6つ数える
□ のんびりとした歌を歌う
□ 落ち着く音楽を聴く
□ 赤ちゃんのころの子どもの写真を見る……など

具体的な行動を上げることが重要。行動は変えられますが、「だらしない」という漠然としたことで怒られても、何をどう変えたらいいのか、子どもはわからず自己肯定感が下がるだけです。
　同じように「ダメな子」「悪い子」「バカな子」など、子どもにレッテルを貼るような怒り方は、子どもが混乱するだけで、いい結果にはつながりません。

過去や未来を持ち出さない。「今」のことだけを怒る

本多　子どもを怒り過ぎると、自己嫌悪に陥って落ち込みますが、そういうときはどうしたらいいですか？

篠　言い過ぎたと思ったときは、素直に謝るのがいいと思います。「ママは○○ちゃんが○○したことを怒ったのよ」と「行動」に対して怒ったことをきちんと説明して、「でも言い過ぎてごめんね」と。
　怒る際には、相手を打ちのめすことや自分の鬱憤を発散させることが、怒りのゴールにならないようにしたいですね。それは夫に対しても同じ。やって欲しいこと、直して欲しいことを具体的な行動として伝えないと、不毛な結果になりがちです。

本多　怒り方って、難しいですよね。

篠　ひとつは、怒りの対象を「今のこの行動」に限定すること。過去のことを引っ張り出してきたり、未来のことまで想像して言わない。「あのときこうだった」とか「どうせまた同じことをするんでしょ」はNG。特に子どもを怒るときに過去や未来を持ち出すと、子どもには、何を怒られているのかわかりにくくなります。

子どものパニック的な怒りは「自己防衛」のひとつ

本多　子どもがワーッとなって怒っているときはどうしたらいいですか？

篠　怒りは、危険や不快なことから身を守る「防衛感情」でもあります。子どもが怒っている背景には、悔しい、悲しい、淋しい、恥ずかしい……といった、自分を傷つけるようなモヤモヤした感情が潜んでいます。それらから自分を守るために、怒りで自己防衛しているんですね。
　こういうときは、まずクールダウン。小さい子どもは深呼吸するのは難しいので、ハグしたり、背中をさすったり。手や足をもんで筋肉をほぐすことでも気持ちを鎮めることができます。

次に、なんで怒っているのかを聞きながら、モヤモヤを言葉にしてあげます。「おもちゃを取られて悔しかったのね」「ママがいなくて淋しかったのね」など。すると、子どもは自分が感じているモヤモヤは「悔しい」や「淋しい」だとわかり、なんでもすぐにパニックになるのではなく言葉で表せるようになります。

"怒りのライター"のオイルを満タンにしない

本多　仕事がたまっていたり、締め切りが迫っていると、自分が怒りやすくなる気がします。

篠　怒りのメカニズムをライターに例えてみましょう。ライターにはオイルが入っていて、着火スイッチをカチッとすると炎が出る。オイルは辛い、疲労、睡眠不足、焦り、不安などのネガティブな要素。それが、最初にお話した自分の「べき」が裏切られたときに着火して、怒り＝炎が出る。このときオイルが少量なら炎は小さいですが、満タンだと炎は大きく燃え上がります。

本多　今の私は、常に満タン状態のような気がします。どうしたらオイルの量を減らせますか？

篠　リラックスする時間を持つのが一番なんですが、子育て中はなかなか難しいですよね。些細なことでもいいので、たとえばコーヒーを飲むとき、ただ飲むのではなく「おいしいな～」と味わって飲むなどプラスの感情を感じることです。

本多　家の中を整えて、居心地のいい空間にすることも役立ちますか？

篠　もちろんです。家の中がゴチャゴチャしていると気持ちが乱れがちになりますが、片づいていると気持

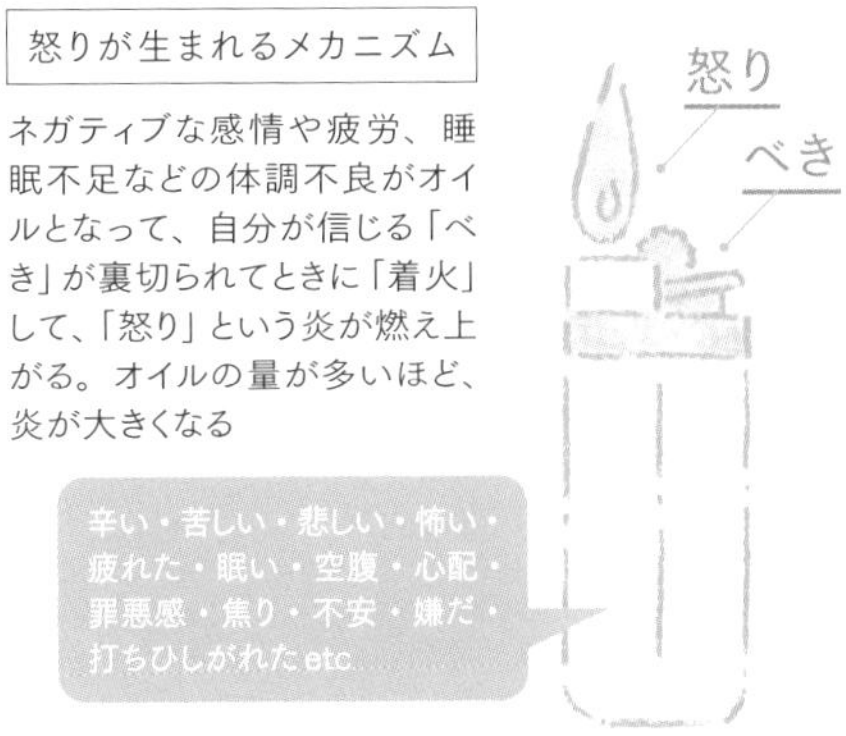

怒りが生まれるメカニズム
ネガティブな感情や疲労、睡眠不足などの体調不良がオイルとなって、自分が信じる「べき」が裏切られてときに「着火」して、「怒り」という炎が燃え上がる。オイルの量が多いほど、炎が大きくなる

出典：一般社団法人　日本アンガーマネジメント協会

ちが整い、オイルの量を減らしてくれます。

私がおすすめしていることのひとつが「ハッピーログ」。今日1日のうれしかったことや楽しかったことをノートや手帳に書き留めます。スマホのメモ機能を使ってもOK。どんな日でもいいことのひとつやふたつはあるものです。書くことで良かったことを思い出せるし、イライラしたときに読み直すことで気持ちが穏やかになることも。

本多　「辛い、大変！」ばかり思っていると、自分でオイルをどんどん注ぎ込んでいるようなものなんですね。

篠　怒りっぽくなっているときは、物事のネガティブな面ばかりに目が向きがちですが、いいことに目を向けるようになると発言や発想が違ってきます。子どもがなかなかおもちゃを片づけないとき、「何回言ったらわかるの！」ではなく「今日は3回できたね」と言えるようになったり。お母さんの変化は子どもに伝わるので、いい連鎖が生まれますよ。

本多　わかります。私の気持ちに余裕があるときは、子どもも言うことを聞いてくれて、いいサイクルができますから。

篠　最初に言ったとおり、怒りの感情が起こること自体はいけないことではありません。大事なことは怒りを感じたとき、それを衝動的にあらわすのではなく、いったん冷静になること。そして、怒りをコントロールして、怒りの原因を解決する方向に向けること。その手法がアンガーマネジメントなんですね。怒りとの上手なつき合い方を知ることで、子育てがラクになったり、今よりもっと機嫌よく暮らせるはずです。

本多　今日のお話はとても参考になりました。さっそく今日から実践してみます。どうもありがとうございました。

おわりに

こんな時代だからこそ、ペダルをこぎ続けて暮らしをまわす

これまで誰も経験したことのない非日常のなかで、いたずらにココロを乱されず、「平常心」を保つには、少し長めのスパンで暮らしをとらえることが役に立ちます。

たとえば、ふと目を上げて、壁に飾られた息子たちの赤ちゃん時代の写真を見ると、「大きくなったな〜」と成長を実感。ベランダからのぞむ公園の木々が昨年と同じように色づいているのを見て、自然界の変わらない営みに勇気をもらえる。どんなに辛いことがあっても時間は流れ、長い目で見れば、変わらない日常がそこにある。見えてくる暮らしの風景が、

「大丈夫」と背中を押してくれるような気がします。

それとおおげさに思われるかもしれませんが、私は「いつか死んじゃうんだから」という前提をいろんなシーンで持ち出します。落ち込んでも、「いつか死んじゃうんだからクヨクヨしている時間がもったいないよな〜」と。すると「今はとりあえず洗濯物を畳んじゃうか！」とか「会いたいあの人に連絡とってみるか！」とか、行動を起こす気持ちがわいてきます。そうやって自分が動き出すと状況が変化し、前進して、気づけば気持ちがちょっと晴れ晴れしていたりします。

子どもの世話をして、掃除洗濯をして、仕事もして……。「暮らしをまわす」は毎日同じことの繰り返し。それでもペダルをこぎ続けていれば見える景色が変わるように、明日はまた違った景色が見られそうな期待があります。

たとえココロが波立っても、「ためず、まよわず、よどみなく」淡々と暮らしの土台を固め、家族の平穏を守っていきたい。この本を読んでくださったあなたの暮らしも、穏やかでありますように。

Love

整理収納コンサルタント　本多さおり

生活重視ラク優先の整理収納コンサルタント。暮らしをラクにまわす工夫に日々想いをめぐらせて、心地よい暮らしを探求。夫、長男（5歳）、二男（3歳）の4人家族。2019年中古マンションを購入し、家事がラクで家族みんなが暮らしやすい家を目指してフルリノベーション。主な書著に『片付けたくなる部屋づくり』（ワニブックス）、『悦な収納のすすめ』（主婦の友社）、『家事がとことんラクになる　暮らしやすい家づくり』（PHP研究所）、『モノが私を助けてくれる』（大和書房）などがある。

□ オフィシャルウェブサイト
http://hondasaori.com/

□ ブログ「片付けたくなる部屋づくり」
http://chipucafe.exblog.jp/

□ インスタグラム
@saori_honda

暮《く》らしをまわす
□ためず □まよわず □よどみなく

発行日　2021年1月22日　初版第一刷発行
著者　本多さおり
発行者　澤井聖一
発行所　株式会社エクスナレッジ
〒106-0032　東京都港区六本木7-2-26
https://www.xknowledge.co.jp/
［問い合わせ先］
編集部　Tel：03-3403-6796
Fax：03-3403-1345
Mail　info@xknowledge.co.jp
販売部　Tel：03-3403-1321
Fax：03-3403-1829